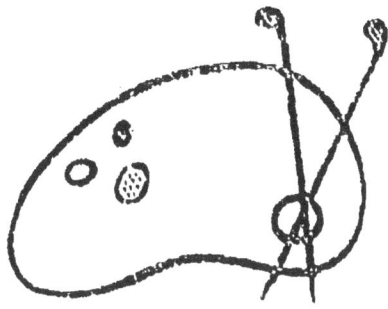

Couvertures supérieure et intérieure
en couleur

CONTES
NOUVELLES ET RÉCITS

SOCIÉTÉ ANONYME D'IMPRIMERIE DE VILLEFRANCHE-DE-ROUERGUE
Jules Bardoux Directeur.

CONTES
NOUVELLES
ET RÉCITS

PAR

JULES JANIN

DEUXIÈME ÉDITION

TOUT DE BON CŒUR
L'ÉPAGNEUL MAITRE D'ÉCOLE
Mlle DE MALBOISSIÈRE
Mlle DE LAUNAY
ZÉMIRE
VERSAILLES — LE POÈTE EN VOYAGE
LA REINE MARGUERITE

PARIS
LIBRAIRIE CH. DELAGRAVE
15, RUE SOUFFLOT, 15

1885

TOUT DE BON CŒUR

TOUT DE BON CŒUR

Il ne faut rien négliger, sitôt que l'on exerce avec un certain zèle la profession des belles-lettres. Tout sert, ou du moins tout peut servir. Qui dirait que, dans un vieux recueil de sermons en latin, sans date, mais qui sent son seizième siècle d'une lieue, un dominicain sans nom a recueilli (*Sermones discipuli de tempore*) deux cent douze histoires dramatiques pour tous les dimanches et les principales fêtes de l'année? « J'ai appelé ces sermons les *sermons du néophyte*, parce qu'il n'y a rien de magistral dans ces histoires innocentes, et que le premier écolier venu les pourrait écrire, et mieux inventer. » Si bien que les jeunes prédicateurs, quand ils voudront tenir leur auditoire attentif, n'auront qu'à puiser à pleines mains parmi ces contes dont la naïveté fait tout le mérite. Ceci dit, le dominicain entre en matière, et, parmi ces historiettes, nous choisissons la présente histoire du diable et du bailli.

Ce bailli était le fléau d'une douzaine de malheureux villages du Jura, groupés autour d'un misérable château fort, où la dévastation, l'incendie et la guerre avaient laissé leur formidable empreinte. On respirait la tristesse en ces lieux désolés de longue date ; si l'on eût cherché un domicile à l'anéantissement... le plus habile homme n'eût rien trouvé de plus propice que cet amas de souffrances et d'ennuis. La nature même, en ses beautés les plus charmantes, avait été vaincue à force de tyrannie. En ce lieu désolé, l'écho avait oublié le refrain des chansons ; le bois sombre était hanté par des hôtes silencieux ; l'orfraie et le vautour étaient les seuls habitants de ces sapins du Nord dont on entendit les cris sauvages. Sur le bord des lacs dépeuplés, ce n'étaient que coassements. Le bétail avait faim ; l'abeille errante avait été chassée, ô misère ! de sa ruche enfumée. Il n'y avait plus de sentiers dans les champs, plus de ponts sur les ruisseaux, plus un bac sur la rivière. Il y avait encore un moulin banal, mais pas un pain pour la fournée. On racontait cependant qu'autrefois les villageois cuisaient dans ce four leurs galettes de sarrasin, et, la veille des bonnes fêtes, un peu de viande au fond d'un plat couvert; mais le plat s'était brisé. L'incendie et la peste avaient été les seules distractions de ces maisons douloureuses. La milice avait emporté les forts, la fièvre avait emporté les petits. Quelques vieux restaient pour maudire encore. A travers le cimetière avaient passé l'hyène et le loup dévorants. L'église était vide, et la geôle était pleine. Autel brisé, granges dévastées ; le curé était mort de faim ; la cloche, au loin, ne battait plus, faute d'une corde, avec laquelle le prévôt, par économie, avait pendu les plus malheureux. C'était la seule charité que ces pauvres gens pussent attendre. Ainsi, du Seigneur d'en haut et du seigneur d'en bas, pas une trace. En vain il est écrit : « Pas de terre sans seigneur, et pas de ciel sans un Dieu ! » C'était vrai pourtant, Dieu n'était plus là ! Le marquis de Mondragon, le maître absolu de cette seigneurie, était absent ;

sa femme n'y venait plus, ses enfants n'y venaient pas. La honte et le déshonneur avaient précédé cette ruine. Ah! rien que des lambeaux pour couvrir les vassaux de cet homme, et rien que des herbes pour les nourrir! Les sangsues avaient à peine laissé sur ces pauvres un peu de chair collée sur leurs os! Malheureux! ils avaient supporté si longtemps les gens de guerre, les gens d'affaires, les gens du roi, des princes du sang, des officiers de la couronne et des gentilshommes au service de Sa Majesté! autant d'oiseaux de proie et de rapine. A la fin, quand on les vit tout à fait réduits au néant, rois, princes et seigneurs, capitaines et marquis semblèrent avoir oublié que ce petit coin de terre existât. C'était une relâche, et cette race, taillable et corvéable à merci, eût peut-être fini par retrouver l'espérance et quelques épis, si M. le marquis n'eût pas laissé M. son bailli dans son marquisat dévasté.

Ce bailli, avec un peu plus de courage, eût été homme d'armes au compte de quelque ravageur de province. Il s'était fait homme de loi, parce qu'il n'eût pas osé porter une torche ou toucher une épée. Il s'était donné la tâche unique, ayant droit de basse et haute justice à dix lieues à la ronde, et jugeant souverainement, de ne rien laisser dans les masures : pas un œuf, pas un flocon de laine, un morceau de pain, une botte de paille. Il revenait de chaque expédition rapportant quelque chose et soupçonnant ses paysans de cacher leur argent et leur bétail. Quatre fois par an, ce bourreau entrait en campagne, et, sauve qui peut!

Or, par un jour sombre et pluvieux de l'automne, au moment où déjà la bise et l'hiver s'avancent, M. le bailli des sires de Mondragon sortit du château, chaudement enveloppé sous le manteau d'un malheureux fermier qu'il avait envoyé aux galères. Deux serfs le suivaient, portant deux sacs vides. Il était monté sur un cheval bien nourri d'avoine et de foin, de si belle avoine, que les chrétiens de céans en auraient fait leur pain de fiançailles. L'aspect de cet homme était terrible. Il s'avançait cependant d'un pas réservé dans la solitude et le silence. Il comprenait que la haine était à ses trousses et que la vengeance allait devant lui. Mais rien ne l'arrêtait dans ces expéditions suprêmes.

Quand il eut dépassé le cimetière et l'église, au détour du chemin, il entra dans une lande aussi stérile que tout le reste, et dans un espace de vieux arbres qu'il fallait absolument franchir avant d'arriver dans les villages de la seigneurie. Peu à peu, ne rencontrant personne, il se sentait rassuré, lorsque, d'un vieux chêne dont la tête se perdait dans les cieux, il vit sortir un homme... ou tout au moins un fantôme, qui posa sa main puissante sur la croupe du cheval. Le cheval en éprouva un soubresaut par tout son corps. Alors le cavalier, tournant la tête, osa contempler ce compagnon silencieux. C'était moins un corps qu'une image, une ombre. On voyait briller dans sa face implacable deux yeux noirs, dont le blanc même était noir. Ça brillait, ça menaçait, ça brûlait. M. le bailli n'eut pas grand'peine à reconnaître qu'il venait de rencontrer son grand'père, le diable en personne, et celui-ci, d'une voix de l'autre monde :

— Je sais où tu vas, dit-il, et je vais de ce côté. Voyageons ensemble...

Ils allèrent donc, lorsqu'ils rencontrèrent au carrefour de la forêt (c'est incroyable et c'est vrai pourtant) un paysan traînant après lui un porc qui revenait de la glandée. Il avait sauvé ce porc par grand miracle et l'emmenait dans son logis, tremblant d'être aperçu par quelque

Le bailli et Satan.

assesseur du bailli. Certes, celui-ci n'eût pas mieux demandé que d'enfouir la bête au fond d'un sac et de rentrer dans le château, pour se remettre en campagne le lendemain; mais le cheval obéissait à la main ténébreuse. En même temps, le pourceau refusait d'aller plus loin et se débattait de toutes ses forces;

— Que le diable t'emporte! s'écria le paysan.

A ces mots, le bailli, qui commençait à trembler fort, se sentit tout rassuré. Car c'est l'usage entre les démons de l'autre monde et les démons de celui-ci, sitôt que le diable a trouvé sa proie, il faut nécessairement qu'il l'accepte et s'en aille au loin chercher une autre aventure. Ainsi, vous rencontreriez Satan lui-même et vous lui donneriez à emporter la première créature qui s'offrirait à ses yeux:

— Tope là! dirait Satan.

Alors il faudrait bien qu'il se contentât d'une poule noire, ou d'un mouton, moins encore, d'une grenouille au milieu du chemin. Ces sortes de pactes, cependant, ne lui déplaisent pas, parce que le hasard et Satan sont deux bons amis. Plus d'une fois il lui est arrivé de rencontrer le vieux père, ou la femme, ou le fils de ce même compagnon, qui déjà s'en croyait quitte à si bon compte.

Hélas! c'est l'histoire d'Iphigénie ou de la fille de Jephté!

Donc, le bailli, de son petit œil narquois, disait à cet œil noir:

— Puisqu'on te le donne, ami fantôme, prends ta proie, et va-t'en loin d'ici. Eh bien, que tardes-tu? c'est le pacte, me voilà délivré de tes griffes.

A quoi l'homme noir répondit par un rire silencieux et de petites flammes bleues qui sortaient de sa bouche:

— Oui, dit-il, je tiens ma proie, on me la donne, et je

te quitte, à moins pourtant que ce bonhomme ne m'ait pas donné son porc de bon cœur. C'est le bon cœur qui fait le présent, tu le sais bien. Il ne s'agit pas de donner de bouche, il faut que la volonté y soit tout entière. Attendons !

Comme il disait ces mots, le diable et le bailli virent accourir du milieu des feuillées une douzaine de charbonniers, qui, voyant le porc allant de leur côté, poussèrent des cris de joie :

— Ah ! mon Dieu ! disaient-ils, ami Jean, où donc as-tu trouvé tant de provende ?

Et les voilà entourant la bête et son guide. Ils ne contenaient pas leur joie ; ils dansaient en rond et chantaient : Ami pourceau ! quelle fête et quel bonheur ! Nous mangerons ton sang, nous mangerons ta chair ! Nous ferons des saucisses, des boudins, des grillades ; ta tête et tes pieds nous reposeront d'un long jeûne !

Et tous ils étaient si contents, si joyeux, qu'ils ne virent pas même le bailli. Celui-ci poursuivit son chemin.

— Tu le vois bien, lui disait son camarade, avec son méchant rire, ces paysans affamés ne m'ont pas donné le pourceau de bon cœur.

Le bailli baissa la tête en se demandant où en voulait venir le prince des ténèbres ? Il savait que, de tous les logiciens de l'école d'Aristote, le diable était le plus grand de tous. Pas un argument qu'il ne rétorque, et pas un syllogisme dont il ne trouve à l'instant même le défaut.

Cependant ils arrivèrent à la porte d'une cabane, et sur le seuil ils trouvèrent une humble vieille qui filait sa quenouille en agitant de son pied lassé un petit berceau. L'enfant criait et gémissait ; il appelait sa mère ; il avait faim. La mère était au loin qui ramassait des branches mortes, et l'enfant criait toujours :

— Ah! maudit enfant, disait la vieille, que le diable t'emporte!

Ici, le méchant bailli eut encore un certain espoir. La vieille était si pauvre! un enfant de plus dans cette cabane était une bouche de plus. Ce triste bailli s'imaginait que la corvée avait réduit ces hommes et ces femmes à n'être plus que des bêtes sauvages dans les bois. On eût dit que son compère aux pieds fourchus partageait ses idées. Déjà même il tendait la main pour s'emparer de la frêle épave, et c'en était fait, le diable était vaincu... Mais sitôt que l'ombre eût touché le berceau, la vieille, aux bras vigoureux encore, emporta le petit enfant du côté de sa mère. Elle arrivait, celle-ci, chargée de ramée:

> Messire loup, n'écoutez mie
> Mère tenchant, son fieu qui crie.

— Arrive donc! ma fille, s'écria la mère-grand. L'enfant t'appelle, il a soif, il a faim, et je ne puis que le bercer.

La jeune mère, à l'instant même, jetant son fardeau, découvrit sa mamelle et le montra à l'enfant, qui se prit à sourire.

— Ah! je te plains, dit le démon à son compagnon; tu vois que j'y mettais de la bonne volonté, mais tu ne saurais soutenir que la vieille m'ait donné son petit enfant de bonne grâce. Allons, courage! et cherchons autre chose. Nous avons encore du chemin à faire avant d'arriver à tes besognes. Mais aussi je suis bien bon d'écouter ces paroles en l'air; un vieux conte l'a dit avant moi.

Et ils poursuivirent leur chemin.

Plus ils marchaient, plus le ciel devenait sombre, et pourtant midi n'avait pas encore sonné. Ils allaient entre deux haies, le bailli songeant à sa destinée et cherchant quelque ruse en son arsenal, le démon marmottant une antienne, en dérision ; les deux porteurs de sacs, parfaitement indifférents à ce qui se passait autour d'eux, car leur infime condition les mettait à l'abri de la colère du prince des ténèbres. On eût dit que la solitude était agrandie et que le chemin s'allongeait de lui-même. Il n'y avait rien de plus triste à voir que ces quatre monotones voyageurs.

Il y eut cependant une éclaircie inattendue ; une maison neuve et de gaie apparence. Elle était bâtie en belles pierres et recouverte en tuiles avec des carreaux de vitre, très rares en ce temps-là, qui resplendissaient au soleil. On eût dit que ce chef-d'œuvre avait été apporté, tout fait, dans la nuit, à l'exposition du soleil levant, sur le penchant de la colline. Une grande aisance, un ordre excellent présidaient à cette habitation. On entendait chanter le coq vigilant ; les chiens jappaient ; une belle vache à la mamelle remplie errait librement dans l'herbe épaisse ; on entendait sur le toit roucouler les pigeons au col changeant ; des canards barbotaient dans la mare, et le long du potager s'élevait la vigne en berceau.

Le démon contempla sans envie une si grande abondance, et, se tournant vers le bailli stupéfait :

— M'est avis, maître égorgeur, que voilà un logis oublié dans tes procédures. Prends garde à toi, j'irai le dire à ton maître, et sans nul doute il mettra à la porte un comptable si négligent que toi.

Le bailli, cependant, ne savait que répondre. Il était tout ensemble heureux d'avoir rencontré cette nouvelle mainmortable et honteux de n'avoir pas encore exploité cette fortune. Il en avait tant de convoitise, qu'un instant il oublia son compagnon. A la fin, et s'étant bien assuré qu'il avait son cornet à ses côtés et du parchemin à la marque de monseigneur (c'était un pot qui se brise, image parlante de la féodalité), il chercha quelque porte entr'ouverte, afin d'instrumenter contre un vassal assez hardi pour être un peu mieux logé que son seigneur. Les portes étaient fermées, mais la fenêtre était ouverte, et du haut de son cheval M. le bailli put contempler tout à l'aise les crimes contenus dans cette honnête maison.

Le premier crime était une belle table en noyer, couverte d'une nappe blanche, et sur la nappe, ô forfait! un pain blanc, et du sel blanc dans une salière ; un morceau de venaison sur un grand plat de riche étain, plus brillant que l'argent, annonçait un repas tel qu'on en faisait avant la croisade sous le roi saint Louis. Deux gobelets d'argent étaient remplis jusqu'au bord d'une liqueur vermeille. Un hanap ciselé par un maître, et de belles assiettes représentant la reine et le roi de France ajoutaient leur splendeur à toutes ces richesses bourgeoises. L'ameublement n'était pas indigne de tout le reste. Enfin, deux jeunes gens, la femme et le mari, dans tout l'éclat de la force et de la jeunesse, étaient assis, entourés de trois beaux enfants vêtus comme des princes, et peu affamés, sans nul doute, à les voir riant et jasant entre eux.

Pendant que M. le bailli dévorait des yeux ce repas qu'un ancien chevalier de la chevalerie errante eût trouvé cuit à point, et comme il faisait déjà l'inventaire de ces richesses suspectes, une grande et vive dispute s'éleva soudain entre la femme et le mari. Il semblait que celle-ci avait acheté, sans le dire à celui-là, un collier d'or à la ville voisine, et le mari lui reprochait sa dépense. Après la première escarmouche, ils en vinrent bien vite aux gros mots, pour finir toujours par celui-là, si rempli de dangers pourtant : *Ma femme au diable ! — Au diable mon mari !*

En ce moment, nous convenons que même pour le diable la tentation était grande, et que la proie était belle. Une femme de vingt ans, un mari à peu près du même âge. Emporter cela tout de suite représentait une heureuse et diabolique journée.

— Ami ! qui t'arrête ? disait le bailli à son camarade. Où trouveras-tu deux plus belles âmes et plus de larmes que dans les yeux de ces trois enfants ? Prends ta part, j'ai la mienne, et quittons-nous bons amis.

Donc, tout semblait perdu. Le bailli triomphait, la belle maison tremblait jusqu'en ses fondements. Les enfants pleuraient. Le père et la mère étaient damnés... Mais au fond de leur âme ils s'aimaient trop pour être ainsi brouillés si longtemps.

— As-tu bien fait, ma mignonne ! as-tu bien fait, s'écriait le jeune homme au cou de sa femme, et suis-je un mécréant de t'avoir, pour si peu, grondée ! Un brin d'or ! te reprocher un brin d'or, quand je devrais te couvrir de diamants et de perles !

— Non, non, s'écriait la jeune épouse, avec de grosses larmes dans les yeux, c'est ma faute et non pas la tienne. Où donc avais-je, en effet, si peu de cœur, que de dépenser en vanités la dot de nos enfants ?

Alors, quittant le cou de son mari, elle baisait avec ardeur les deux petits garçons et la belle petite fille aux yeux bleus, les enfants ne sachant plus s'ils devaient rire ou pleurer. Et lorsque enfin ils eurent tous les cinq essuyé ces douces larmes et retrouvé leur sourire, ils posèrent le petit collier sur la tête de la madone, en guise d'ex-voto, et tous les cinq agenouillés sous les yeux de la divine mère, ils récitèrent, les mains jointes : *Nous vous saluons, Marie, pleine de grâces !*

Ici le diable se sentit si touché, qu'une larme s'échappa

de ses yeux et tomba sur sa joue. On entendit : *Pst !* le bruit d'une goutte d'eau sur le fer brûlant. Le bailli, lui, ne fut pas touché le moins du monde. Il sentit grandir sa furie, et pour toute chose il eût voulu revenir sur ses pas. Mais avec le diable il faut marcher toujours en avant. Il est la voix qui dit : *Marche ! et marche !*

En vain voulez-vous faire halte en ce bel endroit du paysage enchanté : *Marche ! et marche !* En vain la ville offre à vos yeux des beautés singulières : *Marche ! et marche !* En vain le libertin demande un moment de répit pour quitter les mauvaises mœurs, et se marier à quelque innocente : *Allons ! marche ! et marche !* Il y a même des instants où le traître et le tyran feraient trêve assez volontiers à leurs manœuvres criminelles : *Marche en avant ! Tu as laissé passer le repentir ; arrive, en boitant, le châtiment qui va te prendre !* Ainsi l'ambitieux, quand il renonce à l'ambition, l'avare à l'argent, le soldat aux meurtres et le débauché à ses plaisirs d'un jour : *Marche ! et marche !* il faut obéir jusqu'à l'abîme entr'ouvert. C'est la nécessité.

M. le bailli marchait donc. Toutefois, comme il était rusé et passé maître en diableries, lui aussi :

— C'est mon droit, dit-il à son compagnon, d'aller en avant par le chemin que je choisirai.

— C'est ton droit, reprit l'autre, incontestablement.

Sur quoi le bailli, rassuré, prit un petit sentier par la montagne. Or ce sentier allongeait le voyage d'une grande lieue, et le diable (on l'attrape assez facilement) eut quelque soupçon qu'il était joué par le bailli.

— Tu me tends un piège ? dit-il. Jouons, comme on dit, *cartes sur table*, et que chacun de nous soit content.

— Monseigneur, reprit le bailli, chacun son tour. Vous me teniez tout à l'heure, et maintenant c'est moi qui vous tiens, Maladroit! c'était bien la peine de courir toute la contrée et de me tendre ainsi tous ces pièges, pour tomber dans mon embuscade! Où sommes-nous, en ce moment, mon camarade? Ne vois-tu pas que nous entrons dans le sentier qui mène au couvent de Sainte-Croix? Le couvent a disparu, c'est moi qui l'ai rasé, et je me suis emparé de tous ses domaines. Mais j'ai respecté le calvaire, élevé sur ces hauteurs le jour même de la Passion, et dans ce calvaire sont contenues les reliques de saint Pierre martyr, de saint Eutrope, de saint Barthélemy, de sainte Catherine, vierge et martyre, et des dix mille crucifiés. C'est là que je vous attends, messire démon, et nous verrons si vous osez me poursuivre à l'ombre de la croix.

Qui fut contrarié de cette déclaration? Ce fut Satan. Il s'en voulait d'avoir négligé ce formidable rempart que les saints avaient dressé de leurs mains pieuses sur la montagne. Il savait d'ailleurs la force et l'autorité de certaines reliques enfouies dans ce calvaire. Il s'en voulait enfin d'être une dupe de ce bailli de la pire espèce, et d'avoir rencontré plus fin que lui. C'était sa bataille de Pavie :

— Je prendrai ma revanche une autre fois, se dit-il en maugréant.

Cependant, comme il ne voulait pas s'en aller les mains vides :

— Je m'en vais chercher fortune ailleurs, dit-il au bailli, si du moins tu veux me donner ces deux vilains hommes qui marchent à ta suite... Est-ce dit? Est-ce fait?

— Vous n'aurez pas ça de moi, reprit le bailli, en faisant craquer contre sa dent jaune un ongle aigu. Ces deux hommes sont nécessaires à ma haute et basse justice. Celui-ci est le bourreau de nos domaines. Pas un mieux que lui ne s'entend à fustiger de verges sanglantes un rebelle, à flétrir d'un fer chaud marqué de deux fleurs de lis un braconnier, à river la chaîne au cou d'un forçat destiné à ramer à perpétuité dans les galères de Sa Majesté. Cet autre est le concierge de nos prisons et le porteur de nos sentences ; il excelle à pendre un débiteur insolvable, et plus d'une fois il a fait rentrer de belles sommes dans nos coffres. De l'un et de l'autre il m'est impossible de me passer. Partez donc comme vous êtes venu, les mains vides, et bonsoir, maître démon.

Ainsi parlant, la montagne était déjà gravie à moitié. Le diable allait partir, lorsqu'il s'avisa de se hausser sur ses ergots.

— Là, voyons, dit-il, avec un rire de mauvais présage, au moins promets-nous d'épargner quelqu'un de ces malheureux ?

— Pas un seul, reprit le bailli, ils m'ont causé trop d'ennui ce matin.

— Épargne du moins, bailli de malheur, les habitants de la maison neuve !

— Oh ! pour ceux-là, leur compte est fait. J'aurai ce soir dans ma poche le collier d'or, et si tu repasses dans un mois d'ici, la ronce et le chaume rempliront tout cet espace.

— Mais le petit enfant à la mamelle !...

— Il payera le lait de sa mère !

— Et le pourceau ?

— Mes acolytes et moi, nous le mangerons ce soir !

— Enfin, ni pardon ni pitié ?

— Ni pitié ni par...

Ici, l'épouvante arrête la voix du bailli dans sa gorge... Il regarde, il ne voit plus le calvaire ! En vain son regard interroge et fouille en tous sens... la croix sainte qui devait le protéger est abattue.

— Oui-da, reprit Satan, tu cherches en vain ta force et ton appui. Les malheureux que tu as faits ont abattu le calvaire. A force de misère, ils ont cessé d'espérer et de croire. Insensé ! voilà les ruines que la malice et la lâcheté devaient prévoir. Ces désespérés se sont vengés sur les reliques des martyrs, et maintenant c'est toi qui seras châtié des profanations de tous ces malheureux.

A cette révélation dont il comprenait toute la justice, le bailli tomba de son cheval, et le cheval, soulagé de son double fardeau, l'homme et la main du diable, repartit au galop en faisant une telle pétarade, avec tant de soleils, de bombes, de fusées et d'artifices, qu'elle eût suffi à solenniser la fête du plus grand roi de l'univers. Voyant l'homme écrasé sous la honte et la peur, Satan le releva doucement, comme eût fait un tendre père pour son fils unique, et tous les quatre ils descendirent la pente assez douce qui conduisait aux divers villages de cette abominable seigneurie. Ils frôlèrent les premières maisons, sans entendre autre chose que des gémissements et des larmes, mais pas encore une malédiction. Ces gens avaient peur et tremblaient de tous leurs membres. Le malade arrêtait son souffle et l'enfant brisait son jouet ; la femme, épouvantée, allait se cacher dans quelque fente, et les chiens oubliaient d'aboyer. Mais enfin, quand ils eurent ainsi parcouru toute une rue, on entendit sortir de ces chaumières en débris des murmures, des cris, des plaintes, des malédictions, la malédiction unanime allant sans cesse et grandissant toujours. Au second village, voisin du premier, la colère avait remplacé la plainte, et ces malheureux criaient :

— Arrière le brigand qui m'a volé mon fils ! mort au

Le châtiment.

scélérat qui fit périr mon père sous le bâton ! Voilà le monstre impitoyable ! Et les enfants de jeter des cailloux et des pierres à ce fauteur d'incendie.

— Rends-nous le pain, disaient les femmes ! Rends-nous l'honneur, disaient les hommes ! rends-nous les lits et les berceaux ! Regarde, la faim nous mine, et nos mains défaillantes ne pourraient plus tenir les outils que tu nous as volés.

A ce bruit immense, où les dents grinçaient, où les yeux flamboyaient, où de ces poitrines hâves et desséchées sortaient des sons rauques et des sifflements pleins de fièvre, accouraient villageois et villageoises, et de leur doigt vengeur, désignant cet homme impie, ils criaient tous :

— Au diable ! au diable ! au diable !

Et l'écho répétait :

— Au diable ! au diable !

Alors Satan, d'une voix qui remplit la plaine et le mont :

— Camarade ! il était convenu que je n'accepterais qu'un présent fait de bonne grâce et tout d'une voix, sans que pas un des donataires y trouvât à redire. Eh bien, que t'en semble ? et que dis-tu de cette unanime malédiction ? Pour le coup, tu es à moi, bien à moi. Pas un qui te réclame ou te pardonne.

Et, prenant le bailli par les deux épaules, il le suspendit à un chêne qui n'avait pas moins de soixante pieds de hauteur. Toute la contrée applaudit à cet acte de vengeance ! Hélas ! à défaut de justice, on se venge, et voilà pourquoi il faut être juste avant tout.

Cet homme étant disparu de ce domaine, on vit peu à peu reparaître en ces lieux dévastés l'ordre et la paix. L'église fut rebâtie, et, de nouveau, la cloche appela les fidèles à la prière ; ils obéirent à l'appel sacré, justement parce qu'ils avaient cessé d'être misérables. Les femmes furent les premières à quitter leurs haillons pour des habits simples et de bon goût. Les hommes revinrent à la charrue, à la herse, à tous les instruments qui font vivre et réjouissent l'humanité. Le pourceau, sauvé par miracle, eut une progéniture abondante. Le petit enfant grandit et devint un grand justicier, chef d'un parlement dont la voix était souveraine. On ne s'étonna guère, lorsque, un matin, le vieux château fut éventré, dont les matériaux servirent à faire un aqueduc, un pont, une chaussée. Enfin vous avez deviné que le nouveau seigneur était justement le jeune homme de la maison neuve. Ils avaient commencé par renoncer à leur droit de potence, à leur droit de galères et de gibet. Ils avaient fait de la potence une indication pour guider les voyageurs dans la forêt.

Nous avons encore à raconter une aventure, et tout sera dit : le jour où disparut le bailli, les anciens du village qui avaient gardé leur sang-froid avaient très bien vu que Satan, de sa main pleine d'éclairs, avait gravé on ne sait quoi sur la branche la plus haute du vieux chêne. Le vieux chêne mourut de vieillesse, et les bûcherons, en le dépouillant de sa couronne, y trouvèrent ce mot mémorable, écrit en traits de feu : JUSTICE !

L'ÉPAGNEUL
MAITRE D'ÉCOLE

L'ÉPAGNEUL

MAITRE D'ÉCOLE

I

Dans un canton de l'Arabie heureuse appelé le Ludistan régnaient et gouvernaient, au temps des féeries, le bon roi Lysis et la reine Lysida. C'étaient deux bonnes gens, sans reproches et sans peur, qui se laissaient conduire assez volontiers, le roi par son ministre Atrobolin, la reine par sa dame d'honneur Moustelle ; Moustelle, il est vrai, appartenait aux premières maisons de Ludistan.

C'était un jour d'été ; la reine et le roi, qui ne s'amusaient pas tous les matins dans le parc de leur château, se plaisaient souvent après leur déjeuner, composé d'une simple tasse de café au lait, à échapper, comme on disait alors, aux ennuis de la grandeur. Donc, sitôt que leurs salons furent déserts, et voyant que les ambitieux les laissaient en repos jusqu'au lendemain, le roi Lysis et la reine Lysida, longeant la grande allée de maronniers qui traversait le parc et ne s'arrêtait qu'à la petite grille, ouvrirent en toute hâte la poterne et la refermèrent, tant ils avaient peur d'être arrêtés par quelque urgente affaire de la dame d'honneur ou du premier ministre. *A de-*

main les affaires sérieuses ! telle était la devise de ce bon prince. Après lui, elle a servi à beaucoup d'autres qui ne s'en sont pas trop mal trouvés.

Donc les voilà, le roi et la reine très joyeux, qui foulent d'un pied léger la vaste prairie ; au bout de la prairie il y avait un beau rivage éclairé d'un soleil radieux, puis enfin la Méditerranée éclatante, ou, tout au moins, de quelque nom qu'on l'appelle, un immense Océan dont pas un mortel n'avait franchi les dernières limites.

Les plus hardis navigateurs envoyés par l'Académie des sciences de ce beau royaume étaient revenus de leur aventure épouvantés des abîmes, des précipices, des rochers funestes qui les avaient arrêtés après cinq ou six mois d'une heureuse navigation. « Messieurs les académiciens, s'écriaient ces hardis voyageurs, nous n'avons rencontré là-bas que l'abîme et le chaos, la foudre et le néant, des montagnes à perte de vue et le cri des animaux féroces ; l'ours blanc et l'ours noir son camarade ne sont que jeux d'enfants comparés à ces géants d'un monde inconnu. » Ceci dit, nos voyageurs étaient décorés par le roi Lysis, et l'Académie ouvrait son sein à ces nouveaux Christophe Colomb.

La reine et le roi avaient donc cessé depuis longtemps d'envoyer là-bas des flottes inutiles, et, prenant leur parti en gens sages, ils se contentaient de contempler le vaste espace, du sommet de la roche Noire, ainsi nommée parce que ce rocher terrible était couvert incessamment d'une blanche écume. En étudiant la géographie, il vous sera facile de vous convaincre des gentillesses, des gaietés et des non-sens de MM. les géographes. Ils s'amusent volontiers de ces chiquenaudes données au sens commun.

La reine et le roi s'étaient à peine assis à leur place accoutumée, à peine le roi avait dit à la reine : « Il fait

beau temps, Madame ! » à peine la reine avait dit au roi :
« Oui, Sire ! » un nuage épais s'étendit soudain sur le ciel
radieux, le flot grondant vint se briser contre la roche
Noire ; on n'entendit au loin que la bataille des éléments
furieux : « Si j'avais su, dit la reine, j'aurais pris mon tar-

Barque ou berceau ?

tan du mois de décembre. — Si j'avais pu me douter de
telle averse, dit le roi, à coup sûr j'aurais apporté mon
parapluie ! » Heureusement la roche, en ce lieu, formait
une cavité, la plus charmante du monde pour des têtes
couronnées. Les pâtres eux-mêmes, par ces mauvais

temps subits, ne sont pas fâchés de rencontrer ces remparts naturels contre la pluie et le vent de bise. « Attendons une éclaircie et nous regagnerons le château, disait la reine en grelottant. »

Cependant tout au loin il leur sembla qu'une barque légère, obéissant au vent, allait d'une vague à l'autre et s'approchait du rivage en louvoyant.

« Sire, disait la reine au roi, voyez-vous ce berceau qui flotte ? — Oui-da, reprit le roi, ce n'est pas un berceau, c'est une barque, et pour peu que Votre Majesté daigne y prêter sa royale attention, elle aura bientôt reconnu le pilote au gouvernail et cette voile empourprée où le vent souffle à perdre haleine ! »

A ce bon mot qu'il avait trouvé sans le chercher, le roi Lysis daigna sourire. Ils ressemblent en ceci au reste des humains, les rois d'esprit, rien ne les amuse autant que leurs propres bons mots.

Après une pose : « Sire, dit la reine, avec votre permission, j'insiste et je dis que cette barque est un berceau ; je vois des couvertures brodées, un petit oreiller garni de dentelle, une menotte d'enfant qui tient un hochet de cristal. — Et moi, ma reine, avec votre permission, je vois le bateau, la voile et le pilote au gouvernail. »

Comme elles allaient se disputer, Leurs Majestés virent aborder au pied de la roche, et cette fois ils furent d'accord, un bateau qui était en même temps un berceau, un berceau qui était tout ensemble un bateau. Au même instant, le soleil sortit du nuage, et tout se calma dans cette immensité ; ce fut un véritable enchantement.

Il faut pourtant que vous sachiez que le roi Lysis et la reine Lysida comptaient plusieurs points noirs dans leur très heureuse vie, et leur premier chagrin était de n'avoir pas d'enfants. Pas d'enfants, rien n'est plus triste ! Il est vrai que bien des pères de famille, sitôt que leur fillette est maussade ou que leur garçon est entêté, pour peu qu'ils aient mis au monde un gourmand, un paresseux, un menteur, un porteur d'oreilles d'âne : « Mon Dieu ! mon Dieu ! disent-ils, que les *pères* qui n'ont pas d'enfants sont heureux ! » Et voilà comme, ici-bas, les hommes et les femmes ne sont jamais contents.

La reine et le roi eurent bientôt quitté leur roche et gagné le rivage ; et pensez s'ils furent heureux, quand ils découvrirent dans ce berceau un beau petit garçon de trois ou quatre ans qui leur tendit les bras. Tout d'abord, la reine s'empara du petit naufragé pendant que le roi, qui tenait à ses idées, s'écriait : « Je savais bien que c'était un bateau, car voici le pilote ! » Or, le pilote était un épagneul rare et charmant ; sa queue était orange, et de ce beau panache il se servait comme un nautonnier de voile et de gouvernail. Sa robe était blanche et noire, il portait à son front une étoile. Enfin, que vous dirai-je ? il n'y avait rien de plus joli que cet épagneul venu de si loin, dans un attirail si nouveau. « A moi l'enfant ! disait la reine. — A moi le bateau ! » disait le roi. Et voilà comme ils rentrèrent, tout joyeux et les mains pleines, en ce château dont ils étaient sortis les mains vides. Il faut vous dire aussi que l'épagneul, très fatigué, s'était endormi sur l'oreiller du jeune enfant. « C'est un peu lourd, disait le roi, mais je suis trop content de ma trouvaille pour déranger ce bel épagneul. »

II

Quand le ministre et la dame d'honneur apprirent les événements de la matinée, et qu'ils se virent exposés à cette formidable concurrence d'un joli chien et d'un bel enfant, ils poussèrent de grands cris; mais le roi les fit taire en les menaçant des *Petites Affiches*, où se rencontraient, en ce temps-là, tant de grands ministres et d'excellentes dames d'honneur.

L'enfant fut appelé d'un nom arabe qui signifie « arraché des flots ». Quant au chien, on l'appela d'un nom français qui veut dire « le bon pilote ».

Enfin la reine et le roi s'occupaient nuit et jour de l'un et de l'autre, à tel point, qu'on disait qu'ils perdaient le boire et le manger. Cette incessante préoccupation aurait très bien pu nuire à la gloire, à l'honneur du roi Lysis. Comme il laissait à ses ennemis beaucoup trop de loisir, il advint qu'une nuit du mois de décembre on entendit un grand bruit dans le château; c'étaient les ennemis du roi Lysis qui s'introduisaient dans la citadelle. Mais (rendons-lui son vrai nom) le sage Azor, réveillant doucement son jeune maître, lui mit entre les mains une trompette achetée à la foire du Ludistan, et l'enfant, sur cette trompette, essaya, d'un souffle ingénu, l'air nouveau de *Malbroug s'en va-t-en guerre.* Bien qu'il fût assis en ce moment sur les marches du trône, nous ne voulons pas flatter le petit Noémi (rendons-lui aussi son nom) : il était un très chétif musicien ; il écorchait de la belle sorte le fameux air *Malbroug s'en va-t-en guerre,* et les courtisans les plus subtils se bouchaient les oreilles aux premiers cris de la rauque trompette. Eh bien, voilà justement ce qui sauva le trône de Lysis et de Lysida ; les ennemis qui s'étaient emparés du château, voyant que pas un n'accourait à leur rencontre, s'étonnèrent et s'inquiétèrent. « Il faut vraiment, disait le général ennemi, que l'on me tende un piège ; halte-là ! » Mais quand il entendit la trompette invisible et la chanson *Malbroug s'en va-t-en guerre,* il cria : « Sauve qui peut ! » Voilà comment, par la présence d'esprit d'un si bon chien et par une trompette en fer-blanc dont on ne voudrait pas à la foire de Saint-Cloud, fut délivré le château de Lysis-Lysida.

Le lendemain de cette nuit terrible, accourut le peuple enthousiaste en criant : Vive la reine et vive le roi ! « En ai-je assez battus ! » disait Lysis. « En avons-nous assez malmenés ? » disait Lysida. Le ministre et la dame d'honneur avaient leur part dans cette gloire improvisée, et pas un mot de l'épagneul Azor, pas un mot du petit Noémi et de sa trompette. En ce temps-là, les peuples étaient bien ingrats !

Quand ils se virent si peu récompensés, Azor et Noémi, s'ils avaient eu des âmes moins vaillantes, auraient désespéré de l'avenir ; mais le bel Azor : « J'avais tort, se dit-il, de négliger l'éducation de mon élève, il sera peut-être un jour quelque grand prince, et je veux lui enseigner l'art de la guerre. » Au même instant, l'épagneul ceignit son grand sabre, et, mettant un fusil chassepot entre les mains du petit joueur de trompette : « Uno, deux, trois,

Malbroug s'en va-t-en guerre.

portez armes ! présentez armes ! » Azor accomplissait et surtout il enseignait tous ces beaux mouvements beaucoup mieux qu'un sergent de la garde nationale. Il savait jusqu'aux mots : *En joue*, et *Feu !* toute la gamme militaire. Enfin rien ne l'étonnait : une mine, une contre-mine, une barricade. Il excellait à planter un drapeau gris de lin (c'était la couleur du drapeau du Ludistan) sur les tourelles les plus élevées ; il entrait par la brèche et défiait les canons les mieux rayés. Avec cela, modeste un peu plus qu'il ne convient à des victorieux. Quoi d'étonnant ? il avait appris la modestie à l'école d'un jeune lièvre qui tirait un coup de pistolet, et qui respirait l'odeur de la poudre avec autant de bonheur que la suave odeur du thym ou du serpolet.

Ce brave Azor menait de front l'utile et l'agréable ; en même temps qu'il enseignait l'exercice à son élève, il lui montrait comment on plaît aux dames ; il relevait le mouchoir de celle-ci, il présentait ses gants à celle-là. Il sautait pour le roi, pour la reine, et parfois pour le ministre. Il flattait le riche, et voilà le miracle : il épargnait le pauvre ! Enfin, docile à ces exemples, Noémi plaisait à tout le monde.

Aussi bien la reine et le roi ne tarissaient pas sur les louanges de leur fils adoptif : « Il a tout deviné, disaient-ils ; sans maître, il apprend toutes choses ; à la chasse on ne sait pas comment il s'y prend, mais jamais il ne revient bredouille. » Ils ne se doutaient pas, ces bons princes, que l'épagneul faisait lever tout ce gibier sur les pas de son cher Noémi.

« Et maintenant, se disait maître Azor, il ne manque à mon disciple que d'être un ménager de son propre bien, et il le menait dans le domaine des fourmis. — Je veux aussi qu'il soit un habile artiste, » et de bonne heure il l'éveillait pour qu'il entendît le tireli joyeux de l'alouette matinale. Il faisait de toutes les créatures de ce bas monde autant de maîtres excellents pour l'enfant de son adoption : le cygne enseignait à nager au petit Lysis, le corbeau à prévoir la pluie et le beau temps. — « Je veux aussi qu'il apprenne à respecter les vieilles gens, disait le bon épagneul; il sera complet si jamais il se montre aussi bon qu'il est habile et courageux. »

Justement, passait dans le sentier qui revient de la forêt, une humble vieille aux cheveux tout blancs, aux mains tremblantes. Elle portait, sur son épaule voûtée, un lourd fardeau d'épines qu'elle avait ramassé, brin à brin, dans la forêt, et d'un pas chancelant elle regagnait sa cabane. Hélas! il y avait encore bien loin de ce lieu au désert habité par la vieille; elle était harassée, elle s'avouait vaincue.

« Ah! malheureuse, je n'irai pas plus loin, disait-elle, et comment se chauffera ma petite Rachel! »

En ce moment passa le jeune homme suivi de son fidèle Azor. Noémi était mécontent, il avait fait mauvaise chasse et s'en revenait les mains vides. Ce fut pourquoi sans doute il continua son chemin sans regarder la vieille et son fardeau. Mais celle-ci : « Mon enfant, dit-elle (elle disait cela d'un ton sévère), il est mal à vous de ne pas faire au moins quelque attention à une malheureuse femme qui pourrait être votre aïeule; avez-vous donc le cœur assez dur pour m'abandonner au milieu du chemin, en proie à tant de misère, et ne m'aiderez-vous point à porter mon fardeau?... » Il faisait la sourde oreille, il avait froid, il avait faim et n'était pas touché du froid et de la faim de cette infortunée. Azor, disons mieux, Mentor, voulant donner cette leçon de bonté à son élève, poussait de son mieux le fagot d'épines et déjà son museau était tout en sang... « Mauvais cœur, disait la vieille, il n'a pas honte de recevoir de son chien cette leçon d'humanité! » La leçon ne fut pas perdue, et Noémi, revenant sur ses pas, chargea le fagot sur ses épaules :

« Allons, vous le voulez ! » dit-il à la vieille ; elle marcha la première, il la suivit sans remarquer les épines et les ronces qui tantôt rayaient son front et tantôt menaçaient ses yeux. Oh ! miracle excellent de la charité ! plus il marchait, plus le fardeau semblait léger à ses jeunes épaules ; de cet amas de chardons et d'épines sortait une suave odeur de menthe et de violette des champs ; il s'enivrait de sa bonne action. Une bonne action est une féerie, elle embellit toute chose. « C'est là, dit la vieille, en s'arrêtant sur un seuil silencieux. — Quoi, déjà ! » reprit le jeune homme. Au même instant la porte s'ouvrit, et l'on vit apparaître une charmante enfant vêtue à la façon des princesses d'Asie. « Avouez, disait la vieille en rangeant son fagot près de la cheminée, que vous n'êtes pas fâché d'être venu en aide à cette enfant de la fille que j'ai perdue ? Elle est toute ma joie, et pour que rien ne lui manque, volontiers je demanderais l'aumône. » En même temps, d'un souffle encore vigoureux, elle soufflait sur la flamme éteinte, et le bois pétillait en mille étincelles : « Mon jeune maître, attendez, disait la vieille, et vous aurez des châtaignes dans un verre de lait chaud. » Ils firent à eux quatre, en comptant ce digne Azor, le meilleur repas qu'ils eussent fait de leur vie. Et quand ils se séparèrent, ils se promirent de se revoir sous le chaume en hiver, sur le bord des épis dorés, au mois de juin.

Le lendemain de cette heureuse journée, le roi Lysis, la reine Lysida, le jeune homme et le caniche se promenaient sur le rivage où murmuraient doucement ces flots d'azur. La vieille en ce moment vint à passer tenant par la main sa petite fille à demi rougissante ; elles firent de leur mieux, l'une et l'autre, un salut à Leurs Majestés ; puis, la vieille ayant complimenté la reine et le roi de leur enfant : « Ce n'est pas tout à fait notre enfant, dit la reine. — Et c'est bien dommage, reprit la vieille. — Il sera roi quelque jour par notre adoption, répliqua Lysis, mais que de choses il faut qu'il sache avant ce temps-là ! — Majesté, reprit la vieille, il sait les arts de la guerre et de la paix ; il sait mieux encore, il sait respecter la vieillesse et secourir le malheur ; il est sage avec

Le fagot d'épines.

les vieillards, il est gai avec les enfants, n'est-ce pas, mignonne ? » Et la fillette, interdite, répondit en flattant le superbe Azor de sa belle main de princesse et d'enfant.

Quelques années plus tard Noémi, devenu un grand et beau jeune homme, épousa la belle jeune fille. Et après d'autres années, le roi Lysis, la reine Lysida s'étant endormis dans la paix dernière, Noémi devint roi de leur royaume. Et les jours de son long règne furent pour tous des jours de bonheur...

MADEMOISELLE
LAURETTE DE MALBOISSIÈRE

MADEMOISELLE
LAURETTE DE MALBOISSIÈRE

Il y avait, au siècle passé, en l'an de grâce 1762, une jeune fille de bonne mine, de belle et bonne maison, Mlle Laurette de Malboissière. Encore enfant, son esprit brillait d'une grâce ingénue et déjà savante. Elle apprit de bonne heure le grec et le latin ; à quinze ans, l'espagnol et l'italien n'avaient plus de secrets pour elle ; elle lisait Shakspeare en anglais et Klopstock en allemand. Trois fois par semaine arrivait le maître de mathématiques et le maître à danser, le menuet et les équations allant de compagnie. Elle écrivait en vers, elle écrivait en prose. Au Tasse elle empruntait son Armide ; à l'Arioste son Angélique et son Roland. L'une des premières, elle eut l'honneur d'étudier les premiers tomes de l'*Histoire naturelle* de M. de Buffon, *génie égal à la nature*, disait la statue élevée au jardin du Roi, par l'ordre de Louis XVI. Ainsi se passait la journée, et, le soir venu, la jeune demoiselle allait tour à tour, à la Comédie italienne, au Théâtre-Français ; et le lendemain des grandes soirées, c'était merveille d'entendre ce jeune esprit raconter à sa jeune cousine la comédie ou la tragédie nouvelle : « J'étais hier, dit Laurette, à la Comédie italienne, où j'ai vu la petite Camille jouer le rôle de mère dans *Arlequin perdu et retrouvé.* »

Encore aujourd'hui, dans le vieux château, non loin de Mantes la Jolie, vous retrouveriez la trace et le souvenir de Laurette : « Il pleut, tout notre monde est à la maison ; les hommes jouent au billard, les dames lisent dans le premier salon, et moi, je suis restée dans le second, à lire et à vous écrire. Ce château est beau ; le jardin, surtout, est délicieux. Il y a des eaux magnifiques et de très belles promenades. Les appartements, quoique simples, sont fort nobles. J'ai une petite chambre dont les fenêtres donnent sur le parc. Elle est séparée de celle de ma mère par une antichambre et un cabinet. Je m'amuse assez ici ; nous nous promenons beaucoup. Je me lève quelquefois à six heures, et je vais réveiller mon père, qui loge dans le jardin, dans le corps de logis des bains, pour me promener avec lui. Cela dure jusqu'à huit heures ; ou bien, quand je me suis fatiguée la veille, je me coiffe, je m'habille, je travaille jusqu'à une heure et demie. Nous dînons à deux heures ; je reste quelque temps au salon, puis je me retire dans ma chambre jusqu'à l'heure de la promenade, qui a lieu ordinairement à six heures jusqu'à neuf. Nous soupons à dix heures. Telle est ma vie. »

Ainsi disaient nos grands-pères, sur le bord de l'abîme. On ne parle, en ces lieux paisibles, que de ballets, de comédies et d'opéras nouveaux. Mme de la Popelinière a chanté, sur le théâtre de Passy, le rôle d'Orphée (il ne s'agit pas encore du chevalier Gluck), en présence de la duchesse de Choiseul, de la duchesse de Grammont, du comte de la Marche et de l'ambassadeur d'Espagne. On a sifflé une comédie de Palissot, l'auteur des *Philosophes*, et la chute honteuse de Palissot a fait plaisir à tout le monde. Voici, cependant, un grand événement entre deux représentations des comédiens d'Italie, *enfants du fard et de l'oisiveté* : « Les Anglais bombardent Calais (17 juin 1762). » Certes, c'est là ce qui s'appelle une grosse aventure... Eh bien, en ce temps-là, Calais bombardé par les Anglais arrachait tout au plus cette humble réflexion à la jeune Laurette : « On ne croit pas que cela leur serve à grand'chose. » Et la voilà, sur la même page, racontant l'heureuse aventure arrivée à M⁰ᵉ de Beauffremont, lorsqu'elle eut la fantaisie de visiter le château de Bellevue :

« Elle y fut promener, jeudi, avec M⁰ᵉ de Montalembert. Le roi y arriva quelque temps après elles et reconnut la livrée de M⁰ᵉ de Beauffremont. « Est-ce que « la princesse est ici? — Oui, Sire. — Et avec qui est- « elle? — Avec M⁰ᵉ de Montalembert. — Leur a-t-on fait « voir tous les appartements? — Oui, Sire. — Sont-elles « entrées dans les jardins? ont-elles mangé de mes ce- « rises? — Pas encore, Sire ; on attendait Votre Majesté. « — Je vais donc me dépêcher bien vite, pour qu'elles « puissent en manger à leur tour. » Quand il eut mangé, il dit à M. de Champcenetz, qui est gouverneur de Bellevue : « Allez bien vite chercher ces dames. » Et, pour les laisser libres, il alla à Babioles, une petite maison auprès de là, appartenant à M. de Champcenetz. N'est-ce pas là une action de bon prince? Que j'eusse été contente, si j'avais été là lorsqu'il est arrivé ; je l'aurais vu, ainsi que ces dames, de bien près, et sans qu'il m'aperçût. »

Tout cela est très joli, sans doute ; mais ce qui gâte un peu ce goûter royal, ce sont les Anglais qui bombardent Calais.

Huit jours plus tard, un autre événement très considérable signale la Russie à l'attention publique... En quatre ou cinq lignes, la jeune Laurette a raconté cette immense catastrophe : « Eh bien, ma belle petite, l'impératrice de Russie me semble prendre son parti sans balancer longtemps. Son mari, dit-on, voulait la répudier, on prétend même lui faire trancher la tête, de plus établir le luthéranisme dans ses États ; mais elle l'a prévenu, l'a fait enfermer lui-même, et s'est fait déclarer czarine. »

En revanche, on vous dira tout au long comment un bal public vient de s'établir sur la pelouse de la Muette, en concurrence avec le fameux bal de Vincennes. Ce bal de la Muette est charmant ; on y danse, on s'y promène, on y va le dimanche. Un peu plus tard, ce lieu de fêtes aura nom le *Ranelagh* ; aujourd'hui, le Ranelagh est une suite de petits palais entre deux jardins :

<blockquote>Nous n'irons plus au bois, les lauriers sont coupés...</blockquote>

C'est la chanson de Mme de Pompadour.

Encore une nouvelle importante : « On jouait hier *Tancrède* et *le Legs* à la Comédie française, et le duc de Bedford était dans une loge. Or, le duc de Bedford venait justement traiter pour la paix. » A peine si les plus graves événements tiennent autant de place, en cette histoire écrite sous l'émotion du moment, qu'un serin qui s'envole, un chien perdu, ou la mort d'un singe favori. Évidemment, toutes les choses sérieuses étaient au second plan. Tout le monde ignore ou semble ignorer la menace et le danger de l'heure présente. Ces vastes famines, ces misères sans nom, ces faillites d'argent et d'honneur, Laurette n'en sait rien. Elle vous dira plus volontiers les sept églogues de Virgile qu'un seul des épisodes sanglants de la guerre de Sept ans. Innocence est le mot très inattendu de cette idylle en plein dix-huitième siècle.

On s'aperçoit à chaque instant que Laurette habite assez loin de la cour. Elle n'en sait que les histoires les plus décentes ; pas un des hommes sages et pas une des honnêtes femmes qui l'entourent n'oseraient lui parler des scandales de Versailles. Ses livres favoris se composent des histoires d'Angleterre, de l'*Histoire des abeilles*, et des *Idylles* de Gessner, traduites par Diderot qui ne s'en vante guère. Un beau jour, quelqu'un lui prête *Gil Blas*, et cette enfant, qui lisait Tacite à livre ouvert, ne comprit pas grand'chose au roman de Le Sage. Elle ne vit pas que, dans son *Gil Blas*, Le Sage avait représenté le caprice et le courant de la vie humaine, et que le lecteur, à chaque page, pouvait s'écrier : Je reconnais mes propres aventures !

On était alors aux dernières heures de Mᵐᵉ de Pompadour. A la même heure (et c'est tant mieux pour elle), notre innocente était occupée également de son serin, de son singe et de Mᵐᵉ de Pompadour : « Mon serin est mort tout couvert d'abcès. Brunet, mon singe, allait beaucoup mieux. Il me faisait toutes sortes de caresses. Le voilà mort, en même temps que Mᵐᵉ de Pompadour. » Elle aimait les livres. C'est le plus beau goût du monde. Il n'est pas de passion plus charmante. Elle en parlait à merveille :

« J'ai acheté ce matin trente volumes latins et grecs de la bibliothèque des jésuites. » Nouveau motif d'étonnement de rencontrer cette jeune fille attentive à tant de choses : « Aujourd'hui, dit-elle, après avoir lu Locke et Spinosa, fait mon thème espagnol et ma version latine, j'ai pris ma leçon de mathématiques et ma leçon de danse. A cinq heures, est arrivé mon petit maître de dessin, qui est resté avec moi une heure un quart. Après son départ, j'ai lu douze chapitres d'Épictète en grec, et la dernière partie du *Timon d'Athènes*, de Shakspeare... »

Le reste de la soirée appartenait au théâtre. On donnait *Héraclide* et *le Cocher supposé*, et, fouette, cocher! on rentre au logis, on soupe ; et voici le menu de ce repas simple et frugal : « Une bonne et franche soupe à la paysanne, sans jus, sans coulis, avec de la laitue, des poireaux et de l'oseille ; un petit bouilli de bonne mine, du beurre frais, des raves, des côtelettes bien cuites, sans sauce, une poularde rôtie excellente, une salade délicieuse, une tourte de pigeons, une de frangipane, et des petits pois accommodés à la bourgeoise : voilà tous les plats qui parurent sur la table. Au dessert, nous eûmes du fromage à la crème, des échaudés, des confitures, des bonbons et des abricots séchés, et, pour que la fin couronnât l'œuvre, on nous servit du café que j'avais fait moi-même. »

Le lendemain, elle achète encore un beau Dante en maroquin à la vente des Jésuites. Le même jour, elle va visiter, au Louvre, l'atelier de Drouais le fils : « Nous y avons vu le portrait de Mme de Pompadour, qui est réellement une très belle chose. Elle travaille sur un petit métier ; son attitude est très noble ; sa robe est de perse garnie en dentelles de la plus grande beauté. Son petit chien cherche à monter sur son métier. »

A la campagne, Laurette habite une belle chambre, et la description de son appartement, entre deux tourelles, sera la bienvenue, — après le récit de son dîner :

« Je suis dans une grande et assez belle chambre ; mon lit est cramoisi brodé en nœuds blancs ; sur ma tapisserie sont des chars, des gens montés dessus, des chevaux pomponnés, des curieux aux fenêtres. J'ai, pour meubles, une commode, une cheminée, une chaise longue, autrefois de damas bleu et blanc, six chaises en tapisserie, deux fauteuils, un crucifix, le portrait du père et de la mère de notre châtelain. J'ai vue sur l'eau et sur le parc; mais mon cabinet de toilette est délicieux. Il a deux fenêtres étroites, dont l'une est au nord, et donne sur la partie la plus large du fossé et sur un paysage charmant. Il est meublé en indienne, bleu et blanc, a une cheminée et une petite glace. C'est là que couche ma gouvernante, M"" Jaillié. »

Lorsqu'il fallait se mettre au niveau des bonnes gens de la campagne et partager leurs amusements, la belle Laurette était la première à les encourager: « Il y avait eu, le matin, dans notre village, un mariage auquel nous avions assisté; et, le soir, toute la noce était venue danser au château. La mariée n'est point jolie; elle n'a que de belles dents et vingt-deux ans. Le marié est fort laid aussi, trente-cinq ans, et n'est point de ce village-ci. J'ai presque toujours dansé avec lui, et mon cousin avec son épouse. Ils viennent encore ici aujourd'hui pour faire le lendemain. »

Et, pendant que cette aimable enfant s'amuse avec tant de belle grâce innocente, déjà la mort s'avance. Elle souffre, elle est malade; elle éprouve un je ne sais quoi qui est semblable à l'ennui. Sa jeune amie et confidente, hélas! la voilà qui se marie. Un jeune homme, un certain Lucenax, son cousin, au cœur tendre, à l'esprit frivole, a délaissé la charmante Laurette. Il aime ailleurs. Il va, il vient; on lui pardonne: « Zest! le voilà qui s'échappe encore! » Elle pleure, elle rit, elle oublie.

Peu à peu, cela devait être, au fond de ces rires on entend le sanglot.

L'enfant déjà n'est plus qu'une fille sérieuse, obéissant aux tristesses d'alentour. A peine elle a dix-neuf ans, qu'elle dirait volontiers, comme autrefois Valentine de Milan : « Rien ne m'est plus, plus ne m'est rien ! » C'est qu'en effet la voilà tout simplement qui se meurt. Il n'y a rien de plus triste et de plus doux que les derniers jours de l'aimable Laurette. Elle met en ordre toutes choses, et puis elle dit : « Je voudrais voir M. Tronchin. » C'était le médecin à la mode. Il se rendit chez Laurette, et cet homme lassé de tout, le témoin de tous les désespoirs silencieux, de toutes les douleurs muettes, et des plus terribles agonies que contenaient ces temps de désordre et de doute, comme il dut être étonné et charmé de cette enfant résignée et calme et regardant la mort sans pâlir !

Toutefois, malgré notre juste et sincère admiration pour cette aimable demoiselle, il nous semble, en fin de compte, qu'elle eût laissé pour les jeunes filles d'aujourd'hui un plus heureux et plus utile exemple, avec moins de zèle à des études trop nombreuses pour être toutes salutaires, avec plus de modestie et de réserve au milieu des vains bruits de ce monde, emporté par les grands orages. Peut-être on admirerait un peu moins Mme de Malboissière ; on l'aimerait davantage. Son portrait serait d'un moins vif éclat sans doute, et y gagnerait en grâce, en charme, en candeur.

MADEMOISELLE DE LAUNAY
OU LA FILLE PAUVRE

MADEMOISELLE DE LAUNAY
OU LA FILLE PAUVRE

I

La ville d'Évreux, en Normandie, est une des grandes et antiques cités de la province. Elle compte, au nombre de ses évêques, des hommes illustres à tous les titres du talent, de la naissance et de la vertu. Grâce à leur exemple, à leurs enseignements, la foi de l'Évangile est restée en toute sa pureté à l'ombre austère de ses cloîtres, de ses chapelles, de cette église cathédrale qui soutiendrait fièrement la comparaison avec la cathédrale même de la ville de Rouen, la capitale. Au temps où va se passer notre histoire, une des abbayes de la ville d'Évreux, l'abbaye de Saint-Sauveur, avait pour abbesse une dame illustre, Mme de La Rochefoucauld, la propre nièce de ce rare et grand esprit, M. le duc de La Rochefoucauld, l'auteur des *Maximes*, et de cet autre duc de La Rochefoucauld, l'ami du roi, qui, pendant quarante ans de sa vie, avait assisté au botté et au débotté de Sa Majesté, qu'elle allât à la chasse, ou qu'elle en revînt, et toujours Sa Majesté avait rencontré ses regards attristés si le roi était triste, et joyeux s'il daignait sourire. En ce moment, le grand siècle est achevé; le roi et son digne ami, accablés de la même vieillesse et sous le poids du même ennui, assistent silencieux aux derniers jours du grand règne; ils en ont contemplé toutes les merveilles, ils en subissent maintenant toutes les douleurs : une ruine immense, une gloire évanouie, un deuil sans cesse et sans fin de ces jeunes princes et de ces belles princesses, doux enfants dont les voix fraîches avaient peine à réveiller ces échos endormis. Et maintenant tout se tait dans ce Versailles des repentirs, des remords et des tombeaux.

Un soir d'hiver, quand le jour tout à coup tombe, au seuil de la sainte abbaye où Mme de La Rochefoucauld était un exemple austère des plus grandes vertus, une pauvre femme, à pied et venant de loin, s'était assise sur un banc de pierre et se reposait d'une grande course. Elle était jeune encore, et l'on voyait qu'elle avait été fort belle; mais la peine et l'abandon, la pauvreté, dont le joug est si dur, avaient laissé sur ce beau visage une empreinte ineffaçable. Évidemment cette humble femme était au bout de ses forces et ne pouvait aller plus loin. Elle tenait de ses mains nues et pressait sur son cœur résigné une enfant pâle et frêle, une petite fille affamée et dont les grands yeux, brillant du triste éclat de la fièvre, imploraient à travers la porte fermée une protection invisible. Après un instant d'attente, et sans que la mère, ici présente, eût osé faire un appel à cette charitable maison, la porte s'ouvrit comme par miracle, et deux sœurs du Saint-Sauveur vinrent à la femme abandonnée, et, l'encourageant de la voix et du geste, celle-ci prit l'enfant dans ses bras, celle-là conduisit la mère au réfectoire, où se réunissaient toutes les sœurs pour le repas du soir. La salle était tiède et bien close; au coin du feu pétillant dans l'âtre était le fauteuil de Mme l'abbesse. On y fit as-

A la porte du couvent.

soir la pauvre voyageuse ; empressées autour de cette misère touchante, les bonnes sœurs lui prodiguèrent tous les services ; elles lavèrent ses pieds ensanglantés sur les pavés du chemin ; elles présentèrent à cette abandonnée la coupe où buvait Mme de La Rochefoucauld elle-même, et pendant que la douce couleur revenait à cette joue où tant de larmes avaient coulé, la petite fille, débarrassée enfin de ses haillons, se réjouissait dans des linges blancs et chauds. Prenez et mangez ! Puis la mère et l'enfant furent conduites à l'infirmerie, et s'endormirent paisibles dans un lit, dont elles étaient privées depuis huit jours.

Le lendemain, à leur réveil, leur premier regard rencontra les yeux tendres et sérieux tout ensemble de cette illustre dame de La Rochefoucauld. De sa voix, faite aussi bien pour la prière que pour le commandement, elle encouragea la mère à lui raconter par quelle suite de misères elle était arrivée à ce dénuement si triste et si complet. La mère alors répondit qu'elle avait épousé naguère un gentilhomme, un pauvre Irlandais de la catholique Irlande, qui l'avait emmenée avec lui dans une cabane où, pendant quatre années, ils avaient eu grand'peine à vivre. Il y avait deux ans déjà que la petite fille était au monde, et Dieu sait qu'ils avaient grand espoir de l'élever; mais la famine avait envahi toute la contrée, et la peste avait emporté le mari ; les hommes du fisc étaient venus qui avaient vendu la cabane et le champ de blé ; puis la charité publique, disons mieux, la prudence irlandaise, habile à se défaire des pauvres gens sans soutien, les avait embarquées sur une barque de pêcheur qui les avait jetées à la côte, et voilà comment elle était venue en tendant la main jusqu'à ce lieu d'asile, où elle espérait trouver quelque emploi dans la domesticité de l'abbaye, et chaque jour un verre de lait chaud pour son enfant.

A ce récit, tout rempli de courage et de résignation, les dames de Saint-Sauveur répondirent qu'elles emploieraient la mère à la lingerie et qu'elles adopteraient la jeune enfant. Mais la mère était morte après une lutte désespérée de quinze mois contre le mal qui l'envahissait, elle mourut en bénissant ses bienfaitrices et leur recommandant son enfant. La jeune fille avait grandi dans l'intervalle, et le bien-être et l'amitié de tant de bonnes mères adoptives avaient affermi sa santé chancelante. Elle était devenue assez jolie et toute mignonne ; elle était un véritable jouet pour les jeunes novices, dont elle remplaçait la poupée. Elle était tout le long du jour admirée et choyée ; on obéissait à ses moindres fantaisies, et sa plus légère parole était comptée. « Ah ! disaient les bonnes dames, qu'elle a de grâce et qu'elle a d'esprit ! Elle est charmante ; » et c'est à qui redoublerait de tendresse.

Seule, Mᵐᵉ l'abbesse était réservée avec cette enfant. Elle disait que toutes ces louanges auraient bientôt gâté le meilleur naturel ; que mieux eût valu munir cette orpheline contre les embûches et les pièges du dehors ; qu'elle aurait bientôt sa vie à conduire et son pain de chaque jour à gagner... Mais c'étaient là de vaines paroles ; le couvent n'avait pas d'autre enjouement et s'en donnait à cœur joie. Et plus l'enfant grandissait, plus grandes étaient les tendresses ; ces dames se disputaient le bonheur de lui apprendre à lire, à écrire, et les belles histoires qu'elle lisait dans Royaumont, tout rempli des plus belles images. Quelques-unes de ces dames, plus savantes, enseignaient à ce jeune esprit, celle-ci la géographie, et celle-là les premières notions des mathématiques. Des veuves retirées du monde, et qui n'acceptaient du cloître que le silence et la solitude, attendant l'heure où leur deuil se changerait en grande parure, avaient soin de chanter à la jeune recluse une suite d'élégies et de chansonnettes galantes, avec accompagnement de théorbe ou de clavecin. Pensez donc si elle en était toute joyeuse, et si ces belles chansons se gravaient facilement dans ce jeune cerveau.

Les deux vraies mères de la jeune Élisa (c'était son nom) s'appelaient Mmes de Gien. Elles s'étaient chargées tout particulièrement de cette enfant devenue une grande fille, et comme elles seraient mortes de chagrin à la seule idée de s'en séparer, elles se firent nommer au prieuré de Saint-Louis, situé dans un faubourg de la ville de Rouen, sur les hauteurs. Mme de Gien l'aînée, étant abbesse, eut sa sœur pour coadjutrice, et l'une et l'autre, ayant pris congé de Mme de La Rochefoucauld, elles emmenèrent avec elles la jeune Élisa, qui devint une espèce de souveraine en ce prieuré, qui était pauvre et menaçait ruine de toute part. Mais ces dames avaient obtenu de leur famille une pension qui leur permettait de garder avec elles leur fille adoptive. Elles l'aimaient, en effet, comme une mère aime son enfant ; elle, de son côté, les entourait de mille tendresses. Elle était leur lectrice et leur secrétaire ; elle devint leur conseil.

Les livres étant chers et rares, ces dames ouvrirent une école, et la jeune Élisa tint leur école, où venaient plusieurs fillettes assez grandes, qui se lièrent d'amitié avec leur institutrice. Une entre autres, Mlle de Silly, agréable et bien faite, un bon esprit, un bon cœur, une vraie et sincère Normande, éblouie et charmée à son tour par la jeune Élisa, en fit comme sa sœur aînée. Elles s'éprirent l'une pour l'autre d'une amitié très grande, et se firent le serment de ne plus se quitter : « Non, jamais de séparation. Nous vivrons ensemble. »

Et justement Mlle de Silly fut prise d'un mal affreux en ce temps-là. Une jeune fille y laissait très souvent la vie et presque toujours sa beauté. Ce mal, qui répandait la terreur, était presque sans remède, et Mme de Silly, lorsqu'au bout de quarante jours elle sentit disparaître enfin cette contagion qui avait éloigné de sa jeunesse toutes ses compagnes, trouvant la petite Élisa qui se tenait à son chevet comme un ange gardien : « Tu vois bien, lui dit-elle, que j'avais raison de t'aimer : tu m'as sauvé la vie ! Et comme Élisa lui voulait apporter un miroir : — Non, non, pas encore, attendons; je dois être affreuse ! » et quelques larmes vinrent mouiller ses beaux yeux couverts encore du nuage... Elle ne fut pas défigurée; elle revint à la beauté comme elle était revenue à la vie, et sa reconnaissance en redoubla pour cette amie qui l'avait sauvée.

Mme de Silly la mère accourut aussitôt que sa fille fut hors de danger, et ne put guère se refuser à inviter la jeune Élisa d'accompagner sa fille au château de Silly. C'était une vieille maison bâtie en S, l'usage étant alors de donner aux châteaux normands la forme de la première lettre du nom de la terre : ainsi la Meilleraie représentait une M dans la disposition de ses bâtiments; mais la véritable distinction du château de Silly, c'est qu'il était placé au beau milieu de la vallée d'Auge, où tout fleurit, jusqu'aux épines. Au printemps, en été, aux derniers jours de l'automne, on n'entend que ruisseaux murmurant, oiseaux chantant, légers bruissements sous le souffle invisible.

Une fillette hors de son couvent, toute rayonnante de jeunesse et d'espérance, est naturellement heureuse en ce vaste jardin, et volontiers elle oublie, ô l'ingrate ! le couvent et ses mères adoptives. Tel était l'enivrement de la jeune Élisa, lorsqu'au bras de son amie elle entrait dans cette maison, triste au dedans, c'est vrai, mais au dehors toute charmante. M. de Silly le père était un vieillard morose; on ne l'entendait guère, on le voyait fort peu, il comprenait que sa mort était proche, et, résigné comme un vieux soldat, il se préparait à mourir en chrétien.

Beaucoup plus jeune, et très agissante encore, Mme de Silly s'inquiétait avec modération des tristesses de son mari, non plus que des dangers récents de sa fille, en proie à la petite vérole. Elle était, comme toutes les mères de ces temps antiques, passionnée pour la gloire et pour le nom de leur maison; toute leur tendresse et toute leur ambition se reportaient sans cesse et sans fin sur leur fils, héritier et continuateur du nom, de la fortune et de l'autorité des aïeux. C'était l'habitude et la loi du monde féodal : tout revenait au fils aîné; il était tout, le cadet n'était rien, il s'appelait M. le chevalier, et passait une vie obscure en un coin du château de son père, heureux de promener dans les jardins paternels le neveu qui devait le déshériter tout à fait. Quant aux filles, elles étaient encore moins comptées que les cadets; on les mettait au couvent, moyennant une petite dot, et les voilà disparues à jamais.

Ainsi Mme de Silly, dans la maison de ses pères, était une étrangère autant que la jeune Élisa; mais l'habitude et la résignation, ajoutez la jeunesse, ont de grands privilèges! Elles se contentent à si peu de frais! l'horizon le plus prochain, elles ne vont pas au delà. Le lendemain, voilà le rêve des jeunes filles; aujourd'hui, demain, rien de plus, pourvu qu'aujourd'hui et demain le jardin soit en fleur.

Donc ces deux jeunesses, livrées à elles-mêmes, lisaient les chers poètes de la jeunesse, à commencer par La Fontaine; elles s'enivraient des tragédies de Racine; elles savaient par cœur l'*Athalie* et l'*Esther*. Parfois le vieux Corneille et parfois Molière étaient invoqués de ces deux ingénues; le plus souvent elles se racontaient de belles histoires qu'elles avaient inventées. Mais leur curiosité la plus vive et la causerie intarissable, c'était le retour du comte de Silly, le fils unique et l'unique héritier, dans le château de ses pères, disons mieux, dans son château.

Le comte de Silly remplissait de son souvenir jusqu'au dernier recoin de ces demeures; ses chiens hurlaient dans le chenil; ses bois étaient remplis de gibier; ses paysans regardaient chaque matin de quel côté le maître et seigneur allait venir; son banc restait vide à l'église. Il était partout; le plus petit enfant du village eût raconté au passant la gloire et le nom du jeune seigneur. Il était capitaine à seize ans, colonel quatre ans plus tard. Il avait fait toutes les guerres malheureuses des dernières années de Louis XIV, toujours vaincu et se relevant toujours. A la bataille d'Hochstedt, où il s'était battu comme un héros, le comte de Silly avait été fait prisonnier par les Anglais, qui l'avaient emmené dans leur île, où ses blessures et surtout le regret de la patrie absente eurent bientôt réduit le jeune homme à désespérer de la vie. Une dame, une amie qu'il avait à la cour, s'était inquiétée enfin de ses destinées, et, grâce à son intervention, le jeune homme allait revenir, prisonnier sur sa parole. On l'attendait de jour en jour, les deux jeunes filles non moins impatientes que la marquise de Silly, sa mère.

Il revint enfin au milieu de la joie universelle, et la jeune Élisa, avertie à l'avance, reconnut du premier coup d'œil le parfait cavalier dont elle avait entendu parler si souvent. C'était un jeune homme aux yeux noirs et pleins de feu, de bonne mine et de taille haute, à la tournure militaire, à la démarche un peu grave et le front pensif. Il avait beaucoup vieilli en peu de temps ; rien ne vieillit un militaire comme une guerre malheureuse. Celui-là, nous l'avons dit, était venu à la mauvaise heure, après M. de Turenne, après les grandes victoires, les villes conquises, les batailles gagnées, les *Te Deum* et les drapeaux que le victorieux va suspendre aux voûtes sacrées de l'hôtel royal des Invalides. « Monsieur le maréchal, on n'est plus heureux à notre âge, » disait Louis XIV à l'un de ses généraux vaincus... Louis XIV et le maréchal de Villeroi en parlaient bien à leur aise ; ils avaient la gloire ancienne en consolation de la défaite présente ; mais les jeunes gens, les nouveau-nés, appelés les derniers à la gloire, où donc était leur consolation de n'arriver qu'à la défaite ?

En ces tristes pensées vivait depuis longtemps le comte de Silly. Il avait beau payer de sa personne, être au premier rang des combattants, pousser le soldat aux ennemis, appeler de toute sa voix la victoire à son aide... il y avait toujours un moment où il fallait céder, reculer, repasser le fossé, incendier la ville assiégée et sortir la nuit aux pétillements de ces clartés funèbres. Que disons-nous ? et ce moment funeste où le plus vaillant rend son épée, et ces longs sentiers par lesquels il faut passer, conduit par la cohorte ennemie ; et ces femmes, ces enfants, ces vieillards, parmi les victorieux, qui disent, vous désignant d'un doigt méprisant : Voilà des vaincus, des prisonniers ! C'étaient là des angoisses insupportables, et M. de Silly, porteur d'une épée qui ne lui appartenait plus, rentra chez lui triste, abattu, la tête courbée, imposant silence aux cris de joie. Il baisa la main de sa mère sans mot dire, et dans les bras de son père il pleura. Le père aussi pleurait la gloire passée ; il avait, par pitié pour son fils, détaché de sa poitrine sa croix de Saint-Louis.

Ce retour, qu'elles s'étaient figuré superbe et triomphant, avait frappé de stupeur les deux jeunes filles, et, chose encore plus étrange (elles étaient à peu près du même âge, de la même taille, et les traits de M¹¹ᵉ de Silly avaient un peu grossi), le jeune colonel prit Élisa pour sa sœur, et sa sœur pour l'étrangère. Il embrassa tendrement la première, il salua poliment la seconde, et ne voyant pas que celle-ci rougissait, que celle-là restait interdite, il s'enferma dans un cabinet plein de livres, où il se tenait chaque jour, triste et silencieux, lisant les guerres de Thucydide, les *Commentaires* de César ou les livres de Polybe. Il étudiait aussi les grands capitaines; à chaque bataille gagnée il poussait un profond soupir.

C'est ainsi qu'il menait une vie austère et sérieuse au milieu de ses livres, cherchant la solitude, le visage couvert d'une sombre tristesse. Étonnées et bientôt fâchées de son indifférence, les deux jeunes filles en murmurèrent chacune de son côté; bientôt celle-ci fit à celle-là la confidence que si son frère ne l'avait pas reconnue, elle, de son côté, avait grand'peine à reconnaître son frère dans ce beau ténébreux. « Quand il a quitté, disait-elle avec un gros soupir, la maison paternelle, il était tout ce qu'il y a de plus alerte et de plus joyeux; il ne parlait que de batailles et de victoires; il écrivait des sonnets et des chansons; il aimait la chasse, et, le dimanche, il dansait sous l'orme avec les villageoises. Si parfois le violoneux du pays manquait à la fête, eh bien, M. mon frère envoyait chercher son violon et nous faisait danser. En ce temps-là, il portait de beaux habits brodés, les cheveux bouclés; il n'avait pas de moustache; en revanche, une plume à son chapeau rappelait le blanc panache de la bataille d'Ivry. On n'entendait que sa voix dans la maison, que ses appels dans les bois... On m'a changé mon frère ! Il ressemble à quelque Anglais puritain du temps de Cromwell. On viendrait me dire qu'il s'est fait huguenot, je ne m'en étonnerais point. »

Tels étaient les discours de Mlle de Silly à sa jeune camarade, et celle-ci, opinant du bonnet, ne songeait guère à prendre en main la défense de ce beau cavalier, dont la conduite lui semblait véritablement plutôt d'un rustre et d'un mal élevé que d'un porteur d'épée et d'un gentilhomme. Or ces deux jeunes personnes, qui se croyaient bien seules, se faisaient leurs confidences, assises sur les marches d'un pont rustique à l'extrémité du parc, au murmure de l'eau transparente, et celle-ci, non plus que celle-là, était loin de se douter que le jeune homme écoutait malgré lui leur conversation sous l'arche du pont où il s'était arrêté pour voir l'eau couler, ce qui est le signe d'un vrai penchant à la rêverie. A la fin, quand elles eurent bien débité toutes leurs censures, elles s'en revinrent au logis en se tenant par la taille, et l'on voyait à leur attitude que la conversation interrompue avait repris de plus belle.

— Ah ! se disait M. de Silly, quand on est battu quelque part, on l'est partout, et le jour que voici m'apporte une défaite de plus.

Cependant, à l'heure du souper, il entra d'un visage plus riant que d'habitude, et quand il eut salué son père et sa mère, il fit une belle révérence aux jeunes dames. Le repas fut gai ; le vieux seigneur était dans ses bons moments, et comme il était grand amateur de proverbes, il en lâcha deux ou trois coup sur coup au grand contentement des convives.

— Vous riez, disait-il, vous feriez mieux d'être un peu sérieux. Le proverbe est l'écho de la sagesse des nations.

— Monseigneur, repartit le comte de Silly, cette sagesse des nations se trompe assez souvent, j'en suis fâché pour elle. Encore aujourd'hui, elle en fait de belles avec moi, la sagesse des nations! Il est écrit : *A bon entendeur salut...* J'ai entendu d'étranges choses sur mon compte, et qui sortaient cependant de charmantes bouches. Oui-da, je suis un rustre, un manant, un aveugle, un mal élevé, que dis-je? un huguenot! Et puis si mal vêtu, si mal poli et triste à l'avenant.

A chaque mot qu'il disait, pensez donc si la confusion des jeunes filles était grande, et la vive rougeur qui leur montait à la joue! Elles eussent encore été sur le pont, qu'elles se seraient jetées à l'eau la tête la première.

— Eh bien, là, reprenait le marquis, vous n'avez pas la chance heureuse, mon cher fils; à votre âge, et tourné comme vous l'êtes, le moindre écho vous devrait être indulgent et facile. Il disait de si belles choses à l'heure où le roi mon maître et moi nous n'avions que vingt ans. Telles furent les confidences de Mlle de La Vallière au moment où passait Sa Majesté non loin du bosquet des demoiselles d'honneur. Qu'il entendit de belles choses!

— Soyez sûr, Monsieur, reprit le colonel de Silly, qu'elles avaient vu tout au moins la silhouette du roi, ou qu'une branche indiscrète avait craqué sous ses pas. Si Sa Majesté eût été bien cachée dans le bosquet de Latone, elle eût peut-être entendu des vérités aussi cruelles... Mais quoi! la vérité est si belle, elle a tant de charmes, s'il en faut croire la sagesse des nations.

Naturellement, Mlle de Silly fut la première à revenir de son trouble, et reprenant bientôt l'offensive :

— *Il n'y a que la vérité qui offense,* reprit-elle avec

un beau rire, et *qui se sent morveux se mouche*, a dit la sagesse des nations.

Elle était fine et piquante, Mlle de Silly, et quoi qu'il en soit, à dater de ce moment, la glace fut rompue entre le jeune homme et les deux jeunes filles, et la bonne har-

Sur les marches du pont.

monie une fois établie, ils se promenèrent et causèrent comme de vieux amis, la jeune Élisa prenant sa part de ces douces et honnêtes gaietés.

Ainsi se fût passée en ces innocents loisirs toute la belle saison; mais un jour, comme on venait de seller les chevaux pour une longue promenade, une chaise de poste, couverte de poussière, entrait dans la cour du château. Les gens de la maison, déjà réunis sur le perron, virent descendre un homme entre deux âges et tout semblable à quelque abbé de cour qui eût été capitaine d'infanterie avant d'entrer dans les ordres. Il avait la taille haute et la tête belle; il portait le rabat, et ses bottes étaient éperonnées. Sa démarche aisée annonçait un homme de cabinet. C'était l'abbé de Vertot lui-même, un historien plein d'esprit, d'éloquence, intelligent, avec toutes les qualités de l'historien, moins cette qualité suprême dont nous parlions tout à l'heure, la vérité. Il s'inquiétait beaucoup moins d'être vrai que d'être intéressant, rare et curieux; pour peu que les matériaux de son histoire fussent à sa portée, il s'en servait très volontiers; mais s'il fallait consulter les chartes anciennes, chercher dans la poussière des bibliothèques un document précieux, notre historien s'en passait plus volontiers encore. Un jour qu'on lui avait promis un récit authentique du siège de Malte :

— Ah! dit-il, vous venez trop tard, *mon siège est fait.*

La sagesse des nations a pieusement recueilli cette belle parole de l'abbé de Vertot, et elle en a fait un proverbe.

Le jour dont nous parlons, il arrivait tout courant de Paris, porteur d'une grande nouvelle :

— Ami, dit-il au jeune homme, on chante aujourd'hui le *Te Deum* de la paix. Cette fois vous êtes libre, et je vous apporte, avec la croix de Saint-Louis, l'ordre de regagner votre régiment, et, s'il vous plaît, nous partirons ce soir.

A cette nouvelle inattendue on eût vu briller un éclair dans les yeux du jeune homme; il avait en ce moment six coudées, la taille des héros d'Homère, et remettant à son père cette croix militaire qu'il avait si bien gagnée :

— Accordez-moi, lui dit-il, l'honneur de la recevoir de vos mains.

Le vieux seigneur, d'une main tremblante d'émotion, posa la croix de Saint-Louis sur la poitrine de son fils, et lui-même il reprit ce cordon rouge dont il s'était dépouillé pour ne pas ajouter à l'humiliation de son enfant. Mais ce fut en vain que le père et la mère priaient le jeune homme de rester encore au château rien que le temps de fêter sa gloire ; en vain que les jeunes filles le supplièrent, de leurs regards muets, de ne point partir si vite : il pétillait d'impatience ; il ne savait comment contenir sa joie ; il baisait les mains de son père et de sa mère en leur disant : « Laissez-moi partir. » Il se voyait déjà à la tête de son régiment ; ou bien il allait saluer le roi à Versailles au sortir de la messe, et le roi l'invitait à Marly ; si c'était le soir à son grand coucher, le roi lui faisait donner le bougeoir, et il éclairait Sa Majesté jusqu'au seuil de sa chambre ; enfin, tous les rêves que peut faire un jeune homme un instant vaincu, prisonnier, désarmé, qui tout d'un coup se voit rappelé sous les drapeaux par la grande voix de la guerre. Il partit donc, accordant à peine un dernier regard à ses deux jeunes camarades, qui le regardaient comme on regarde en songe.

— Il s'en va comme il est venu, disait Élisa à Mlle de Silly.

— Bonsoir à sa compagnie, ajoutait Mlle de Silly. Je ne serai pas longue à me consoler.

Elle songeait qu'en effet son mariage était arrêté avec un jeune seigneur du voisinage, et que son mari l'accompagnerait dans les grands prés, sous les vieux arbres, le long des charmilles auxquelles Élisa disait adieu tout bas pour ne plus les revoir.

Et comme il est écrit *qu'un malheur ne vient jamais*

seul, quelques jours après le départ du jeune colonel, M⁽ˡˡᵉ⁾ Élisa de Launay reçut une lettre du couvent dans lequel elle était reine, et qu'elle comptait rejoindre avant peu. Elle ouvrit en tremblant cette lettre dont l'écriture lui était inconnue, et, la malheureuse ! les maternelles paroles auxquelles elle était habituée, l'affectueux appel qui lui venait de sa chère abbesse et de sa digne sœur, étaient remplacés par des paroles sévères et par un commandement formel de ne pas rentrer dans l'abbaye.

Hélas ! la chère abbesse était morte ; elle laissait la maison endettée à tel point, que sa propre sœur était forcée d'en sortir. Les autres religieuses, dont la dot était perdue en grande partie, avaient été recueillies dans les abbayes voisines par les soins de l'archevêque de Rouen, le propre frère de M. de Colbert.

Ainsi désormais, pour la triste Élisa plus d'asile. Hier encore elle allait de pair avec les plus nobles filles du royaume, aujourd'hui la voilà seule, abandonnée et sans autre espoir que la servitude. Hier encore elle avait tant d'amis et comptait tant de protections ! aujourd'hui, voici tout ce qui lui reste : un peu d'argent pour se rendre à Paris et une lettre de M⁽ᵐᵉ⁾ de Gien, la survivante des deux sœurs, pour M⁽ᵐᵉ⁾ l'abbesse des Miramiones, la digne fille de cette aimable et charmante M⁽ᵐᵉ⁾ de Miramion, que feu M. le comte de Bussy-Rabutin avait enlevée en plein bois de Boulogne, avec l'aide et l'appui de M⁽ᵍʳ⁾ le prince de Conti. Mais la vaillante femme, au fond de ce carrosse plein de ténèbres et de menaces, s'était résignée en chrétienne, et quand elle entra dans le château de son ravisseur, comme elle vit sur la muraille un crucifix, elle attesta la sainte image, et prit à témoin Bussy lui-même qu'elle n'aurait plus d'autre époux que Notre-Seigneur Jésus-Christ. Bussy courba la tête et reconduisit Mᵐᵉ de Miramion chez elle, implorant son pardon, qu'elle lui accorda par charité ; et ce fut heureux pour le

Mˡˡᵉ de Launay.

comte de Bussy, le roi l'eût fait jeter à la Bastille pour le reste de ses jours.

Mᵐᵉ de Miramion était morte dans l'exercice austère des plus fortes et des plus généreuses vertus, après avoir fondé un admirable asile où les jeune filles sans fortune et les pauvres veuves déshéritées trouveraient aide et protection. Ce lieu d'asile prit le nom de sa fondatrice, et les dames s'appelaient les *Miramiones*. C'est en ce lieu que l'orpheline était appelée par le vœu de sa mère adoptive autant que par sa pauvreté.

II

Le coup fut rude, et la pauvre abandonnée eut un éblouissement à la lecture de cette lettre funèbre ; heureusement que son âme était forte et que toutes ces gâteries maternelles n'avaient pu en affaiblir la trempe. Aussi, bientôt calmée, elle considéra de sang-froid sa situation et la contempla, sinon avec courage, au moins sans désespoir. Ce qu'elle comprit tout de suite, même dans les regards de Mme de Silly, c'est qu'en ce grand naufrage elle ne pouvait compter que sur sa prudence et sa résignation. La route était longue et difficile, en ce temps-là, de la province de Normandie à la grande ville, et le premier soin de la jeune fille, après avoir cherché mais en vain une compagne, fut de prendre un habit qui lui permît d'être inconnue. Elle partit vêtue en paysanne, et Mlle de Silly lui dit adieu sans trop d'émotion. Le carrosse de voiture (on parlait ainsi en ce temps-là) était un vieux coche attelé de vieux chevaux qui marchaient une demi-journée, et chaque soir les voyageurs couchaient à l'auberge. Ils ne firent pas grande attention à la jeune

Normande, et même, au second jour de ce long voyage, elle fut pour ainsi dire adoptée par une vieille dame qui lui servit de chaperon.

En ce moment la France entière était occupée de la maladie à laquelle le vieux roi Louis XIV devait succomber. Les voyageurs demandaient, à chaque relais, quelles étaient les nouvelles de Sa Majesté, non pas que le roi fût encore populaire, il y avait déjà longtemps que l'amour du peuple s'était retiré de sa personne; mais si grande était la majesté royale, elle tenait tant de place en ce bas monde, qu'un si grand prince ne pouvait pas disparaître après un si long règne, sans que le royaume entier s'inquiétât d'un pareil changement dans ses destinées.

Dans les auberges les plus infimes, les charretiers eux-mêmes s'informaient de la santé du monarque. Un soir, à la couchée, il y avait dans un cabaret des hommes d'assez piètre mine, et plus semblables à des brigands qu'à des philosophes, qui, après avoir parlé du roi, se mirent à disputer sur la pluralité des mondes, aux grands étonnement et contentement des voyageurs. Au bout de huit jours de cette course à travers monts et vallées, le carrosse arriva au *Plat d'Étain,* qui était, comme on sait, le but suprême et le rendez-vous de tous les nouveaux venus dans Paris. Aussitôt arrivée, la vieille dame qui semblait avoir adopté la jeune orpheline, lui fit à peine un signe de tête et disparut dans le détour de ces carrefours pleins de tumulte. Elle avait si grand'peur, cette dame prévoyante, de se charger d'une infortunée qui lui avait raconté naïvement qu'elle ignorait ce qu'elle allait devenir! Déjà la nuit tombait, le temps était à la pluie, et la maison des Miramiones se trouvait à l'autre bout de Paris. Mlle de Launay, portant sous son bras le peu de

La cour du *Plat d'Étain*.

hardes qu'elle avait sauvées, se mit à marcher d'un bon pas vers les hauteurs du quartier Saint-Jacques ; arrivée à la porte hospitalière de cette maison où se cachait sa dernière espérance :

— Ah ! ma pauvre sœur, s'écria la sœur tourière, n'allez pas plus loin ; vous venez dans un lieu habité par la famine et par la peste.

En effet, le pain manquait dans cette enceinte autrefois opulente, et la petite vérole y causait les plus grands ravages. Toute autre eût reculé devant ce double danger du pain qui manque et de la contagion.

— A la grâce de Dieu, ma bonne sœur, répondit la jeune voyageuse ; j'arrive ici pour trouver et pour donner de bons exemples. Je suis chrétienne et j'ai du courage ; ouvrez-moi, je suis des vôtres.

La bonne sœur, déjà frappée, ouvrit la porte à cette aventurière de la charité, et mourut dans ses bras trois jours après. Voilà ce qui s'appelle entrer dans le monde sous de bons auspices. « Ou dessus ou avec, » disait une mère spartiate à son fils en lui remettant son bouclier. On eût dit que Mlle de Launay obéissait à cette voix sévère ; morte ou vivante, elle devait sortir de cette abbaye entourée d'honneurs et de respects.

Cependant, sous les voûtes de ce palais de Versailles bâti de ses mains pour l'éternité, le roi se mourait, fièrement et royalement, comme il avait fait toutes choses. Il savait que son mal était incurable, et pourtant, dans son attitude et dans son regard, le plus habile homme n'aurait pu voir que le calme et la majesté. Dans son antichambre attendait, mêlé à la foule des courtisans de l'Œil-de-Bœuf, l'ambassadeur de Perse, et le roi, monté sur son trône, le reçut comme autrefois dans les meilleurs jours de sa vigoureuse santé. Il y eut grand appartement le soir et grand couvert, et la présentation de deux nouvelles duchesses ; les vingt-quatre violons jouèrent des sarabandes, au grand étonnement du premier médecin Fagon et du premier chirurgien Maréchal. Le coucher du roi ne fut pas avancé d'une heure. Le lendemain de cette réception d'ambassadeur, le roi tint conseil d'État et soupa dans sa chambre, après avoir joué avec les dames.

Ainsi, chacun de ses derniers jours, Sa Majesté fut à l'œuvre, présidant tantôt le conseil d'État, tantôt le conseil des finances, recevant l'un après l'autre chacun de ses ministres, et tenant de grandes conférences avec Mme de Maintenon, le duc de Noailles, M. le chancelier, avec le duc du Maine et parfois M. le duc d'Orléans. Tel était *ce Jupiter mourant,* calme et résigné, et, comme il vit pleurer un de ses valets de chambre : « Avez-vous pensé, lui disait-il, que j'étais immortel ? » Il mourut. Peu de gens le pleurèrent parmi tous ces hommes qui toute leur vie étaient restés agenouillés devant sa toute-puissance. Alors une voix se fit entendre en toute l'Europe : Le roi est mort ! Le monde entier l'appelait le *roi,* sans jamais dire : le roi de France. A sa mort cependant, il y eut dans tout son royaume un grand soupir d'allégeance ; on était las de cette grandeur ; la France soupirait après la chose inconnue, et ne regretta point cette vieillesse austère et silencieuse, abîmée en toutes sortes de contemplations, d'inquiétudes et de repentirs.

Pendant que l'on portait en grande pompe aux caveaux de Saint-Denis ce vieux roi chrétien ; pendant que Massillon, le prêtre éloquent de l'Oratoire, écrivait cette oraison funèbre du roi Louis le Grand, dont la première ligne est sublime et digne de Bossuet : ***Dieu seul est grand, mes frères!*** le couvent des Miramiones revenait peu à peu à la douce lumière du jour. Un peu d'espérance et d'abondance était rentré dans ces pieuses demeures, et sitôt qu'il fut permis à ces infortunées de rendre grâces au ciel de leur délivrance, prosternées aux pieds des autels, le nom de Mlle de Launay se trouva sur leurs lèvres reconnaissantes. Tant que la fièvre avait sévi, la nouvelle recluse n'avait pas quitté le lit des malades ; elle était l'espérance et la consolation ; elle fermait les yeux éteints ; elle relevait par ses douces paroles les âmes abattues ; les jeunes filles disaient : Ma sœur ! les révérendes mères lui disaient : Ma fille ! et lorsqu'enfin elle parla de quitter cet asile dont elle avait été la providence, hélas ! que de gémissements et de larmes : « Vous partez ! vous nous quittez ! nous ne vous verrons plus ! » On eût dit que la ruine et la misère allaient revenir dans ces murailles désolées.

Mais quand elle eut déclaré sa volonté formelle, alors toutes ces dames tinrent conseil pour savoir à qui donc elles adresseraient cette fille adoptive. A la fin, il y en eut une, entre autres, qui proposa d'adresser l'orpheline à une dame qui avait appartenu jadis à la belle duchesse de Longueville, une des reines de Paris. Elle s'appelait Mme de La Croisette ; elle était bien vieille, et vivait bien loin du monde, après avoir été la grâce et l'ornement des meilleures compagnies. Que de belles histoires cette vieille dame avait entrevues ! que de mystères elle avait gardés dans sa mémoire ! Avec quel zèle et quelle ardeur elle parlait de son ancienne maîtresse, une digne fille des Condé, l'amie et la complice du cardinal de Retz, héroïne de la Fronde, avec tant d'esprit que son père, le grand Condé, n'en avait pas davantage, et que M. le duc de La Rochefoucauld s'inclinait quand il fallait répondre à Mme la duchesse de Longueville. De ces bonnes gens, pleins de souvenirs, on tire assez volontiers tous les services qu'ils peuvent rendre ; il ne s'agit que d'être attentif à leurs discours et d'écouter patiemment leurs plus belles histoires. Ainsi l'on fit pour Mᵐᵉ de La Croisette, et quand la dame eut parlé tout à l'aise du temps passé ; quand elle eut célébré les victorieuses et les conquérants d'autrefois : M. de Turenne et Mᵐᵉ de La Fayette, elle finit par comprendre enfin qu'on la priait de venir en aide à une honnête et vaillante personne, courageuse et bienséante, qui cherchait quelque bonne maison où elle voulait entrer comme demoiselle de compagnie ou gouvernante de quelque jeune enfant.

La bonne Mᵐᵉ de La Croisette, qui naturellement était tournée du côté de l'esprit (une habitude qu'elle avait prise dans les salons de l'hôtel de Soissons), après avoir bien cherché à qui donc elle pouvait adresser sa protégée inconnue, imagina de la recommander au plus rare et plus charmant esprit parmi les survivants du dix-septième siècle, à M. de Fontenelle.

Il était, certes, de bonne race, et bien fait pour accorder une protection honorable, étant le propre neveu du grand Corneille, et, par la modération de sa vie et la grâce de son discours, l'écrivain le plus accompli de cet âge intermédiaire entre les chefs-d'œuvre anciens et les efforts tout nouveaux de l'esprit. Il était la prudence en personne et la sagesse même ; un peu trop sage, il disait que si sa main droite était remplie de vérités, il n'ouvrirait pas sa main droite. Ajoutez qu'il était affable et bienveillant, estimant les hommes, et cependant les connaissant et les voyant tels qu'ils sont. Il n'aimait que la bonne compagnie ; il lui appartenait tout entier : il en savait la langue, il en connaissait les usages. De toutes les grandes maisons, il savait les alliances, les parentés, les amitiés même les plus lointaines ; ainsi, quand il parlait dans un salon, au milieu de l'attention universelle, il était sûr de ne blesser personne.

Il marchait, à pas lents et prudents, sur le chemin de la vieillesse et ne semblait pas la redouter. Cet homme est un des grands exemples de la force et de l'autorité du bel esprit. Il ne heurtait personne; au contraire, il se dérangeait volontiers pour faire place aux plus pressés d'arriver, et l'on ne comprenait guère comment il faisait pour arriver toujours le premier. Il avait un doux rire, une voix claire où vibrait une douce ironie. Il était très savant, très intelligent, très caché. Ne l'abordait pas qui voulait. Les ambitieux lui faisaient peine, et les avares lui faisaient peur; les malhonnêtes gens lui faisaient pitié. Avec cela, un grand soin de sa personne, un grand respect de soi-même, et le plus profond mépris pour l'injure et le mensonge. Il mourut presque centenaire.

Après sa mort, on trouva dans les greniers du Palais-Royal, qu'il habitait, quatre ou cinq caisses énormes toutes remplies de brochures, pamphlets, journaux, *nouvelles à la main*, et des milliers de feuilles que l'on avait écrites pour le chagriner et dont il n'avait pas ouvert une seule. Il régnait sur deux académies; il avait écrit des idylles charmantes, où l'on ne voyait que bergères enrubannées et bergers en bas de soie, en talons rouges.

Dans les bergeries de M. de Fontenelle rien ne manque... « Il y manque un loup, » répondait Mme Deshoulières. Tel était l'homme ingénieux et le protecteur charmant qui devenait l'arbitre de Mme Élisa de Launay.

M. de Fontenelle avait obtenu de Mgr le duc d'Orléans, qui l'honorait d'une amitié sincère, un appartement dans le Palais-Royal, que le prince habitait de préférence à toutes ses maisons. C'était au Palais-Royal, dans cette vaste et splendide habitation, tout empreinte encore de la grandeur de M. le cardinal de Richelieu, que le prince aimait à trouver un asile, à chercher un refuge loin des regards jaloux du vieux roi et de M⁹⁹ de Maintenon ; et maintenant que le duc d'Orléans était régent de France, l'unique arbitre de la fortune et des honneurs, c'était encore le Palais-Royal qu'il préférait même au château de Versailles.

À Versailles, il était un étranger ; chaque appartement lui rappelait une disgrâce, une humiliation, un éloignement des courtisans, race abjecte, habituée à composer son visage sur le visage du maître. Au contraire, ici, chez lui, dans ce Paris qui l'aimait pour sa bonne grâce et pour son bel esprit, M. le régent se trouvait à l'aise. Il s'était entouré des artistes, des écrivains, des philosophes, car déjà la philosophie était à la mode, et si trop souvent ses petits soupers eussent déplu aux hommes graves, rien n'égalait sa bonhomie et son charme aussitôt qu'il se sentait en belle et bonne compagnie. Il avait véritablement plusieurs des grandes vertus et plus d'un vice du roi Henri IV, son aïeul ; seulement sa main était plus ouverte ; il donnait volontiers ; il secourait les vieillards, il encourageait les jeunes gens ; il faisait peu de cas de l'étiquette. En même temps que Fontenelle, il logeait dans sa maison Coypel, un grand artiste ; Audran le graveur ; le poète La Fare, le musicien Campra, et le joueur de flûte Decoteaux. Il aimait à les entendre, à les voir ; poète avec le poète et musicien avec les musiciens, il faisait les dessins pour le graveur, et de la chimie avec Homberg le chimiste. C'était un esprit inventif, curieux, habile, ingénieux, osant tout et ne doutant de rien.

Tel il était ; son charme était partout, dans ces murs où il entassait les merveilles sur les merveilles : marbre, airain, tableaux, médailles, et les plus beaux livres qu'il pouvait trouver à son usage. En même temps il lui semblait qu'en se rapprochant du peuple de Paris, il en comprenait plus vite et beaucoup mieux les passions, les besoins, les espérances. Il aimait le peuple, il tenait à sa faveur; il disait que Versailles était déjà bien loin des grands faubourgs. Pas un politique en ce moment, dans l'Europe entière, n'était plus actif et plus occupé que M. le régent. De cette grandeur inattendue et pour lui si nouvelle, qui lui était échue en partage aussitôt que le Parlement de Paris eut cassé le testament de Louis XIV, M. le régent avait profité pour vivre, un peu plus qu'il n'avait fait jusqu'alors, en vrai bourgeois de Paris. Toutefois, ses favoris, ses amis et surtout son commensal M. de Fontenelle, avaient gagné à ces changements une certaine apparence d'autorité qui ne lui déplaisait pas.

M. de Fontenelle reçut poliment d'abord, et bientôt avec bienveillance la jeune personne que lui adressait Mme de La Croisette. Il fut touché de sa modestie et charmé de ce beau regard sincère et vrai qui promettait tant de reconnaissance et de respect. Et quand la jeune fille, enfin un peu remise de son émotion, se fut assise à côté du célèbre écrivain :

— Vous voilà, lui dit-il, bien abandonnée et malheureuse de bonne heure, et je ne saurais vous dissimuler que mon amie Mme de La Croisette est une tête volage. Ainsi prenez garde ; écoutez-moi ; n'acceptez pas toutes les recommandations et toutes les protections. Si j'obéissais, moi qui vous parle, aux recommandations qui me sont faites, je vous présenterais à Mme la duchesse d'Orléans, qui est une méchante, à Mme la duchesse de Berry, qui est une folle, et vous chercheriez votre voie à travers toutes ces vanités, tous ces orgueils, toutes ces ambitions

misérables, tous ces enfantillages qui pourraient vous
perdre. Allons, ne tremblez pas ; nous saurons bien trouver quelque part un abri digne de votre jeunesse et de
votre innocence, ajoutons : de votre courage et de votre
résignation. Je serai, s'il vous plaît, votre ami, et je vous
chercherai une condition dans laquelle vous serez à l'abri
des bruits et des vices de notre cour.

Et, comme à ces sages paroles la pauvre enfant restait
interdite, M. de Fontenelle écrivait de sa main nette et
prompte un billet à l'adresse de Mme la duchesse de La
Ferté.

— Mme la duchesse de la Ferté, disait Fontenelle à
Mlle de Launay, habite encore à Versailles. Portez-lui le
billet que voici et tâchez de lui plaire. Elle est-toute-puissante, elle est sage, elle aime avant tout la simplicité et
le bon sens. Permettez donc ici que je vous donne un
bon conseil : c'est de ne pas ressembler au portrait que
fait de vous Mme de La Croisette ; elle vous donne à moi
comme une savante, et moi je vous présente à Mme de La
Ferté comme une ingénue. Ainsi, redoutez de paraître
une savante, ayez recours aux expressions les plus simples,
et rappelez-vous que les dames les plus suivies sont contentes de rencontrer qui les écoute. Un peu plus tard,
quand vous aurez montré que vous êtes habile et prudente, il vous sera permis de laisser entrevoir que vous
êtes une personne intelligente et d'un rare esprit.

Voilà comme il parlait, d'une voix douce et d'un accent
pénétré. Mlle de Launay, en toute hâte, se rendit à Versailles. Tout chemin y menait alors ; on eût dit que Versailles, même après la mort du roi, était resté l'unique
but des passions, des curiosités et des ambitions humaines. Déjà cependant de grands changements s'étaient
opérés dans ces demeures royales ; celui qui les remplis-

sait de sa toute-puissance et de sa majesté n'était plus là pour imposer ses respects voisins du culte, et les anciens courtisans des jours de gloire et de prospérité souveraine auraient eu peine à reconnaître ce rendez-vous de toutes les obéissances et de toutes les soumissions. C'était bien toujours le même autel, ce n'était plus le même dieu.

Le dieu de céans était un enfant timide, étonné, charmant, qui s'essayait à vivre et non pas à commander. Les habitants de ces hauts lieux, si soumis naguère et vivant dans une incessante adoration, parlaient d'une voix plus haute et se trouvaient chez eux... Tant que le vieux roi avait vécu, ils étaient chez le roi. Déjà, en si peu de temps, les actions étaient moins contrôlées; les discours moins contenus; les courtisans relevaient la tête et pas un ne les reconnaissait. Mᵐᵉ la duchesse de La Ferté, dont le mari était au service du jeune roi, s'ennuyait fort à cette cour enfantine, et son accueil se ressentit de ses ennuis. Quand elle eut bien lu et relu la lettre de M. de Fontenelle, et qu'elle eut interrogé Mˡˡᵉ de Launay comme une reine ferait d'une sujette :

— Il faut, dit-elle enfin, que M. de Fontenelle ait une grande opinion de nos mérites pour nous demander une protection qu'il pouvait si bien vous accorder lui-même. Il est tout-puissant à cette heure; il est le voisin du soleil; il voit le vrai maître. A peine s'il nous reste assez de crédit pour vous faire visiter le bosquet de Latone, ou vous faire entrer au dîner du roi.

Pendant ce discours, Mˡˡᵉ de Launay, attentive et les yeux baissés, était plus semblable à une accusée qui attend son arrêt qu'à la jeune fille heureuse et libre, il n'y a pas si longtemps, dont le moindre caprice était un ordre. Hélas! qu'elle était à plaindre, et que de peine à contenir les larmes qui roulaient dans ses beaux yeux!

Mᵐᵉ de La Ferté eut enfin quelque pitié de cette gêne ; elle appela Mˡˡᵉ Henriette, sa suivante, et lui recommanda de promener Mˡˡᵉ de Launay dans les jardins, de la faire souper et de lui donner un lit pour cette nuit :

— Peut-être aurons-nous demain quelque idée et trouverons-nous une occasion de venir en aide à Mademoiselle.

A ces mots, Mᵐᵉ de La Ferté congédia d'un signe de tête la pauvre abandonnée. Heureusement que Mˡˡᵉ Henriette était bonne et qu'elle eut bientôt ranimé l'espérance dans le cœur de cette infortunée :

— Ah ! dit-elle, vous venez de la part de M. de Fontenelle, et vous êtes si mal reçue ! Il est cependant un bon ami de Mᵐᵉ la duchesse ; elle en parle à toute heure, elle dit : « C'est mon oracle ! et quel grand esprit, comme il « est bien élevé ! Jamais il n'arrive ici sans me demander « comment je me porte. Sans ajouter qu'il est tout à mes « ordres. » Eh bien, moi aussi je suis à ses ordres, et je vous adopte, et je vous dis que vous êtes belle et faite pour aller à tout, parce que vous êtes sage et jeune, et douce, avec beaucoup de talent. Venez avec moi, nous irons saluer Mᵐᵉ la duchesse de Noailles ; elle est charitable, et vous consolera beaucoup mieux que ne ferait sa sœur Mᵐᵉ de La Ferté, qui est fière et ne s'abaissera jamais jusqu'à protéger une fille sans nom. M. de Fontenelle a bien de l'esprit, mais moi j'ai du bon sens et j'y vois clair ; je connais les bons sentiers ; vous verrez Mᵐᵉ de Noailles, elle vous fera conter toute votre histoire, et vous en reviendrez tout encouragée. Enfin, ça vaudra beaucoup mieux que de voir jouer les eaux de nos jardins qui ne jouent plus guère, et d'assister au souper du petit roi, qui soupe d'une pomme cuite.

En même temps la bonne Henriette arrangeait les cheveux de sa jeune protégée ; elle lui passait un linge mouillé sur le visage, elle secouait sa robe un peu fripée :

— Et maintenant vous voilà très bien, disait-elle, oui, tout à fait bien.

Du même pas elles entrèrent chez Mme la duchesse de Noailles comme elle achevait d'écrire une lettre à sa tante, Mme de Maintenon, retirée en ce moment chez ses filles de la maison de Saint-Cyr. Mme de Noailles était aussi paisible et pénitente que Mme de La Ferté était vive et superbe. Elle sourit à l'empressement d'Henriette et tendit sa belle main à la jeune inconnue. Et quand Mlle de Launay eut rapporté à la dame les paroles de M. de Fontenelle :

— Il a raison, répondit Mme la duchesse de Noailles ; le Palais-Royal ne convient guère à une fille de votre condition. Je représente ici Mme de Maintenon, ma tante, et je veux faire en son nom une bonne œuvre que je lui raconterai tout de suite, et dont elle me remerciera demain... Mon enfant, reprit-elle après un moment de silence, maintenant que Mme de Maintenon est partie et nous a pour toujours quittés, il n'y a plus de refuge à notre cour pour une jeune fille telle que vous. Cependant j'en sais une encore, où se sont réfugiés les anciens respects ; je veux parler de la maison de S. A. R. Mgr le duc du Maine. Éprouvé par la mauvaise fortune et cruellement dépouillé des honneurs que le vieux roi lui avait légués, il s'est retiré dans cette maison, dans ces jardins de Sceaux, où il aurait déjà oublié toutes les injustices dont il est frappé, si Mme la duchesse du Maine en eût perdu le souvenir. Mais dans cette solitude elle est reine encore, et c'est là que je veux vous introduire. En ces lieux, tout remplis des regrets d'un temps qui n'est plus, vous vivrez modeste et cachée au milieu des bons exemples, et vous serez tout à l'aise une humble chrétienne, une fidèle servante, car voilà votre emploi désormais. Il est humble autant que votre condition ; il vous suffira, si vous êtes sage.

Ayant ainsi parlé, Mᵐᵉ de Noailles remit à Mˡˡᵉ de Launay quelques louis d'or dont elle avait grand besoin, et son nom, rien que son nom sur une carte, à l'adresse de M. de Malézieu. Mˡˡᵉ de Launay baisa la main qui lui était tendue, et se retira le cœur plein de reconnaissance, mais bien triste et bien malheureuse. « Où donc s'arrêteront, pensait-elle, toutes ces épreuves! » et, confuse, elle lisait et relisait le nom de M. de Malézieu.

Le lendemain, de très bonne heure, elle prit congé de Mˡˡᵉ Henriette, et lui voulut faire accepter un de ses louis d'or; mais celle-ci, l'embrassant tendrement :

— Gardez votre or, disait-elle; il est vrai que voilà bien longtemps que je n'ai eu de l'argent de ma maîtresse, mais du moins j'ai une condition, et vous cherchez encore la vôtre. Encore une fois, adieu; n'ayez pas d'orgueil, soyez soumise et priez Dieu.

Mˡˡᵉ de Launay partit de Versailles sans avoir eu l'honneur de revoir Mᵐᵉ la duchesse de La Ferté. Tout dormait dans ce vaste château ; le temps n'était plus où les courtisans, arrivés avant le jour pour saluer le maître à son réveil, attendaient le bon plaisir du concierge, et grattaient à sa porte avec autant de respect que s'il eût tenu les clefs des grands appartements.

III

M. Nicolas de Malézieu était une façon de grand seigneur. Il était un des membres écoutés de l'Académie française; il était à la cour de Sceaux, chez M. le duc et chez Mᵐᵉ la duchesse du Maine, un peu moins qu'un ami, beaucoup plus qu'un serviteur : il était l'homme indispensable. Il donnait l'exemple et le mouvement à cette cour brillante, où tous les mécontents trouvaient un facile accueil, pourvu qu'ils fussent gens de mérite et d'esprit. Les hommes prenaient l'avis de M. de Malézieu s'il s'agissait de quelque bel ouvrage de l'esprit; il était consulté pour les bâtiments, pour les jardins, pour le théâtre et pour le salon. Son bon goût faisait autorité même pour les parures et les ajustements de Mᵐᵉ la duchesse du Maine. On disait généralement : *Le maître l'a dit !* aussitôt que M. de Malézieu avait prononcé son arrêt dans une discussion. Il était le canal de toutes les grâces, le conseiller intime et la voix sans appel. Et comme, heureusement, cet homme était juste et bienveillant, affable à beaucoup de gens, accessible à tous, chacun trouvait que son joug était léger, et l'acceptait parce qu'il était juste. Ajoutez que par lui-même il était riche, et qu'il se passait volontiers des grâces et des bienfaits de M. le duc et de M{}^{me} la duchesse du Maine, et Dieu sait s'ils acceptaient sans conteste cette indépendance qui ne leur coûtait rien. Ils avaient dépensé dans l'entretien de leur orgueil beaucoup plus d'argent qu'il n'appartenait même à des princes du sang royal, surtout depuis que le roi était mort, et ils furent longtemps à comprendre comment il se faisait que le trésor de la France, épuisé par les prodigalités du dernier règne, se trouvât désormais fermé à ceux que La Bruyère appelait *les fils des dieux*.

M. de Malézieu habitait, au milieu du parc de Sceaux, une maison très jolie qu'il avait arrangée à sa convenance, et ce fut là qu'il reçut M{}^{lle} de Launay, au milieu d'une assez grande foule qui remplissait ses antichambres. Il fit d'abord une assez médiocre attention à l'inconnue, et le nom de M{}^{me} la duchesse de Noailles ne fut pas tout d'abord une recommandation toute-puissante. Hélas! ces Noailles, les rois de la cour de Louis XIV, avaient étrangement perdu de leur crédit depuis que M{}^{me} de Maintenon s'était retirée à Saint-Cyr; mais quoi! ce mauvais mouvement aussitôt passé, M. de Malézieu en rougit au fond de l'âme, et sa bonne volonté se trouvant appuyée des mérites et des grands yeux de M{}^{lle} de Launay :

— Soyez la bienvenue, lui dit-il, je vous présenterai tantôt à M{}^{me} la duchesse du Maine, et j'espère un peu qu'à ma considération elle vous sera propice. Elle aime à s'entourer d'intelligence et de jeunesse, et votre air lui plaira tout d'abord. Cependant soyez forte et courageuse; il ne s'agit pour vous, Mademoiselle, que d'une humble fortune, et, malgré tous vos mérites, j'ai bien peur que vous ne dépassiez jamais l'antichambre de notre princesse. Au fait, reprit-il, avec ces princes on ne sait jamais si l'on ne fera pas une grande fortune en vingt-quatre heures. Essayez donc, et comptez sur moi.

Le soir même, en effet, M. de Malézieu, autorisé par Mme la duchesse du Maine, eut l'honneur de lui présenter la timide et tremblante Mlle de Launay. Certes, elle avait grand besoin de courage; mais sa timidité redoubla lorsqu'elle vit que son protecteur se courbait jusqu'à terre en présence de cette quasi-reine. A peine la princesse honora d'un coup d'œil cette humble servante, et elle passa dans ses appartements sans lui expliquer l'office qu'elle en attendait. M. de Malézieu, de son côté, avait très bien compris qu'il présentait à Mme la duchesse une servante. Ainsi la voilà perdue en cette grande maison, sans un ami qui la rassure ou qui lui donne un bon conseil. Il y avait à Sceaux trois tables; la table des maîtres, celle des officiers, la table des valets : à cette dernière table elle prit place, elle se contint pour ne pas laisser voir sa tristesse. Une femme de la garde-robe en eut pitié et l'encouragea; puis, s'étant informée, elle revint en grand triomphe annoncer à sa nouvelle camarade qu'elle était attachée à la personne de Mme la duchesse du Maine en qualité de troisième femme de chambre, et qu'elle coucherait avec les femmes de la princesse, à l'entre-sol. Au compte de la vieille dame, c'était là, pour la nouvelle venue, une fortune inespérée, et déjà, pour commencer, Mme la duchesse du Maine avait commandé que Mlle de Launay lui présentât son éventail.

C'était un soir de grand appartement; cent visiteurs, les plus huppés de l'ancienne cour : ducs et pairs et cordons bleus, parmi lesquels s'étaient faufilés plus d'un cordon rouge, entouraient les tables de jeu, M. du Maine étant beau joueur et perdant l'or à pleines mains. Le jeu, en ce temps-là, faisait de grands ravages parmi les fortunes les mieux établies ; les plus grands seigneurs jouaient sur une carte leur revenu d'une année, et les dames les plus qualifiées, quand leur bourse était vide, n'avaient pas honte de jouer sur leur parole. Il a cela d'horrible encore, le jeu, qu'il égalise toutes les conditions.

A la table où ces grands seigneurs s'abandonnaient à leur frénésie, il y avait un vieillard, en habit bleu de ciel brodé d'or, dont les boutons brillaient comme des diamants ; ses dentelles, son justaucorps en satin, ses bas de soie et ses talons rouges indiquaient un vieux marquis de l'OEil-de-Bœuf; son attitude hardie et ses grands gestes, sa voix impérieuse et plus haute que d'habitude, indiquaient un comédien. C'était Baron, le disciple ingrat, le fils adoptif de Molière. Il était, ce Baron, un comédien de génie; il écrivait des comédies à ses heures perdues; il s'escrimait volontiers de l'épée et du bel esprit. Au demeurant, vantard, joueur, familier, prenant au sérieux son sceptre et son trône. Un soir qu'il jouait avec S. A. R. le prince de Conti : « Cent louis, dit-il, pour le prince de Conti. — Va pour Germanicus, répondit Son Altesse Royale ; » et Baron fut le seul qui ne comprit pas la grâce et l'exquis de cette inutile leçon. Il s'était faufilé dans les fêtes de Sceaux par la comédie, et plus d'une fois il eut l'honneur de donner la réplique à Mme la duchesse du Maine. Il y avait dans un coin de ce salon, assises sur des bergères dignes du salon de la reine à Versailles, une vingtaine de dames très parées, et, sur des tabourets, à leurs pieds, des poètes et de jeunes seigneurs qui causaient avec les dames. Au milieu du cercle, et sur un fauteuil, était assise Mme la duchesse du Maine, et, debout, près d'elle, un jeune officier, qui lui racontait des choses plaisantes, s'il en fallait juger par le rire éclatant de la princesse.

Or ce fut en ce moment que Mlle de Launay, toute confuse et troublée au murmure étincelant de cet esprit qui pétillait sous ces lambris dorés et chargés de peintures, entra d'un pas tremblant, et tenant à la main un plateau en laque, sur lequel était posé l'éventail de Son Altesse. Et comme en ce moment la princesse était attentive au discours du jeune officier, Mlle de Launay attendit le bon plaisir de sa maîtresse. O surprise, et quelle humiliation ! Justement le jeune homme ici présent, ce prince *Bel à voir*, le familier de cette maison princière, était M. de Silly. Il avait rencontré de tout temps dans M. le duc du Maine un protecteur; il était un officier de ses gardes, et la princesse aimait à l'entendre causer. A l'aspect de cette jeune fille un instant l'amie intime de sa sœur, de cette demoiselle qui avait vécu sous son toit comme une égale avec son égale, et réduite aujourd'hui à cette honteuse servitude, il pâlit, pendant que la rougeur de la honte montait au front de cette élégante personne. Eh bien, la princesse ne vit rien de ce petit drame, et, d'un beau geste, elle dit au jeune homme :

« Ayez la bonté, Monsieur, de me donner mon éventail. »

M. de Silly prit le plateau des mains de sa jeune amie, qu'il semblait ne pas reconnaître, et il présenta le plateau à la duchesse :

« Non, dit-elle, pas ainsi ; c'est votre privilège et votre droit, Monsieur, de prendre l'éventail sur le plateau et de me l'offrir de la main à la main. »

Sur quoi Mlle de Launay se retira à pas lents; son sacrifice était consommé.

Cette belle et délicieuse maison de Sceaux, vous ne sauriez la reconnaître à ses ruines. Une révolution, qui a fait tomber les têtes les plus hautes et renversé les plus somptueux édifices, a traversé, sans pitié et sans respect, ce monceau fastueux de toutes les splendeurs. Palais renversé, marbres brisés, arbres déracinés, bosquets, charmilles, prairies, fontaines, kiosques, vastes étangs, eaux plates et jaillissantes, tous ces miracles de la fortune et de la faveur ont disparu comme une vaine poussière. La *bande noire* a vendu jusqu'aux plombs enfouis dans la terre; elle a vendu la longue avenue; elle a changé en fagots les vieux hêtres, sous lesquels tant de grâces et de beautés se tenaient assises, devisant entre elles des poëtes, des romanciers, des nouvelles comédies et des ballets de Versailles.

Qui se promène aujourd'hui dans ce vaste emplacement, si bien disposé pour tous les plaisirs de la vie heureuse, aurait peine à reconnaître en ces broussailles la création de M. de Colbert, maître absolu, non moins que le roi, des finances de la France. Il avait épuisé dans sa maison de Sceaux tout ce que pouvait inventer le génie italien et français de la grande architecture, et quand il fut mort, *raisonnablement chargé de la haine publique* (pour employer un mot du cardinal de Retz parlant du cardinal de Mazarin), le propre fils de M. de Colbert, M. le marquis de Seignelay, se trouva mal à l'aise au milieu de ce faste insensé. Le roi, de son côté, toujours incliné à l'amitié pour le nom de M. de Colbert, acheta le palais et les jardins de Sceaux, dont il fit présent à son fils, M. le duc du Maine. Il en coûta plus d'un million, rien que pour l'acquisition de ce palais, sans compter les meubles des appartements, sans compter les statues des jardins. Tout un monde entourait de leurs

Château de Sceaux en 1718.

flatteries et de leurs empressements les propriétaires de ces beaux lieux, comparables à Trianon. La duchesse du Maine c'était, non pas la reine, c'était trop peu dire, elle était le tyran de cette maison presque royale, où le roi Louis XIV était venu plus d'une fois à la prière de son ministre favori.

Le duc et la duchesse du Maine.

Mme Anne-Louise-Bénédicte de Bourbon, duchesse du Maine, était la petite-fille du grand Condé, et lorsqu'elle épousa le fils légitimé de Louis XIV et de Mme de Montespan, elle avait pensé qu'elle était assise au moins sur un degré du trône de France. Son mari était le préféré de tous les enfants du roi, qui l'avait accablé de toutes les principautés, de tous les gouvernements, de toutes les charges de la couronne ; même il avait complété toules ces grâces en accordant à ses enfants légitimés les rangs et les honneurs du sang royal, à tel point que les enfants légitimes venant à manquer, les fils légitimés devaient être appelés à porter la couronne. Nous avons déjà dit que le testament du roi avait été cassé, à la grande douleur de M. le duc du Maine et surtout de la princesse ; ardente et violente, à aucun prix elle n'acceptait cette déchéance, et par toutes les façons, même criminelles, elle tenta de regagner le terrain qu'elle avait perdu. Plus sa fureur était cachée, et plus l'éclat en devait être redoutable.

Il y avait à la même heure, à Paris, un ambassadeur du roi d'Espagne appelé le prince de Cellamare, homme habile et caché, qui n'avait rien moins que l'ambition de placer sur la même tête la couronne d'Espagne et la couronne de France. Attentif à toutes choses, il savait le nombre et le nom des mécontents de Paris, des mécontents de la Bretagne ; il enrôlait sous main des officiers, ennemis de M. le régent, et quand il se fut bien assuré que Mme la duchesse du Maine irait bien vite au delà de toutes les bornes, il lui fit proposer d'entrer dans une vaste conspiration qui mettrait le roi d'Espagne à la tête du gouvernement de la France, et M. le duc du Maine pour représenter Sa Majesté Catholique. Tel fut le commencement de cette conspiration, qui n'interrompit aucune des fêtes qui s'agitaient autour de la princesse. On ne parlait que des plaisirs de Sceaux : concerts, proverbes, comédies, bals et toilettes.

Dans ce tumulte, on aurait eu grand'peine à reconnaître Mlle de Launay ; elle était enfouie en cet entre-sol sans lumière, et si bas, qu'elle touchait le plafond de sa tête. On l'employait à la lingerie, et chacun l'appelait *la maladroite*. Elle était si troublée, et plus elle s'efforçait de bien faire, et moins elle était au niveau de sa tâche. Une fois qu'elle versait à boire à la princesse, elle jeta l'eau sur sa robe; une autre fois, comme elle lui présentait sa boîte à poudre, elle laissa tomber la boîte; ou bien elle oubliait un manche à la chemise, et, s'il fallait ôter de son écrin le collier de la princesse, elle renversait perles et pierreries. Tout allait mal. Puis elle avait froid, elle était triste, elle répondait mal à ses camarades; elle aimait à lire, les femmes de chambre la troublaient dans ses lectures. Il fallait plaire à celle-ci, ne pas déplaire à celle-là, visiter les désœuvrées, leur faire une espèce de cour et jouer à des jeux qui leur plaisaient. Que vous dirai-je? elle était si malheureuse en ce château des splendeurs, qu'elle en fût sortie, et pour n'y plus rentrer, si elle n'eût pas trouvé sur sa table un petit billet anonyme et d'une écriture contrefaite, dont elle eut bientôt deviné l'auteur:

« Prenez patience; ayez bon courage; on veille sur vous. On se rappelle les temps heureux où vous n'étiez aux ordres de personne, où vous donniez des ordres et n'en receviez pas... »

Pendant deux ou trois jours, la jeune abandonnée eut une certaine espérance; elle se disait que sa servitude, avec le temps, deviendrait moins pesante; elle espérait toujours que la princesse comprendrait qu'elle avait à ses ordres une fille au-dessus de sa condition. Sur l'entrefaite, il y eut un petit événement qui la mit quelque peu en lumière. A la façon du roi Louis XIV, qui avait tiré un si grand parti, pour ses dernières guerres, de la création des chevaliers de Saint-Louis, Mme la duchesse du Maine avait institué l'ordre de la *Mouche à miel*. Cet ordre, aussi bien que l'ordre du Saint-Esprit, avait ses lois, ses statuts, ses chevaliers; mais comme la galanterie était le fond de l'ordre, il avait aussi ses *chevalières*; et sitôt qu'une place était vacante, accouraient les aspirants des deux sexes, tant la flatterie est ingénieuse. Enfin, très sérieusement, les droits de chacun étaient disputés dans un chapitre dont Mme la duchesse du Maine était la présidente, et M. de Malézieu le secrétaire perpétuel.

Donc il advint qu'une place, étant vacante, fut briguée à la fois par Mme la duchesse d'Uzès, Mme la comtesse de Brissac et M. le président de Romané. Celui-ci ayant été préféré à ses belles concurrentes, chacun, dans le palais, criait à l'injustice, ajoutant que l'élection du président était contre toutes les lois de la chevalerie. Au plus fort de la dispute, apparut une protestation écrite en termes de palais et dans l'accent de la chicane, et telle, qu'elle n'eût point déparé la plus jolie scène des *Plaideurs*, de M. Racine. Aussitôt l'on cherche, on s'inquiète : à qui donc attribuer ce charmant factum ? Les uns disaient : C'est M. de Malézieu ; les autres : C'est l'abbé Genest. Pas un ne se fût douté que tant de bel esprit fût caché dans l'antichambre, et comme on cherchait toujours, la main qui avait lancé le factum afficha ces jolis vers à la porte du salon d'Hébé :

> N'accusez ni Genest, ni le grand Malézieux,
> D'avoir part à l'écrit qui vous met en cervelle ;
> L'auteur que vous cherchez n'habite point les cieux.
> Quittez le télescope, allumez la chandelle,
> Et fixez à vos pieds vos regards curieux :
> Alors, à la clarté d'une faible lumière,
> Vous le découvrirez gisant dans la poussière.

Bientôt, comme il fut impossible de découvrir l'auteur de la prose et des vers, on cessa d'en parler, et Mlle de Launay, plus triste que jamais, après ce moment d'une espérance fugitive, résolut d'en finir avec la vie. En ce temps-là le suicide était chose grave. Il était voisin du déshonneur. Le monde en parlait comme on parlerait d'un crime, et l'Église, impitoyable en ceci seulement, refusait au suicidé les prières qu'elle ne refuse à personne. Ah! que cette malheureuse était à plaindre en prenant cette résolution funeste! Avant de mourir, elle voulut tout au moins apprendre à M. de Silly un secret qu'elle se cachait à elle-même, et, d'une main délibérée, elle écrivit.

La lettre, à peine écrite, apaisa soudain ce cœur malade, et la pauvre abandonnée, revenue à des sentiments meilleurs, enfouit ces tristes confidences. Cependant la petite cour de Mme la duchesse du Maine était exposée à d'aussi grands orages que l'ancien Versailles. La vanité, l'orgueil, l'ambition, les brigues, les partis, les intrigues de toute sorte avaient envahi ces beaux lieux, que de loin on se figurait si paisibles. Le moindre accident, la plus légère aventure, suffisait à éveiller toutes ces imaginations, qui ne demandaient qu'un prétexte, et, comme un jour il fut question des miracles opérés par une jeune fille du menu peuple ayant nom Mlle Tétard, voilà soudain la duchesse du Maine qui s'agite et s'inquiète. Elle s'adressa naturellement à l'oracle écouté de ce temps-là, à M. de Fontenelle, esprit sagace et tout disposé au sourire. Or, cette fois, M. de Fontenelle avait pris au sérieux les miracles de Mlle Tétard, et il en fit à Mme la duchesse du Maine un rapport tout rempli d'une admiration inattendue. Alors on s'étonne, on s'interroge, et chacun se demande où M. de Fontenelle a puisé une foi si robuste.

Au bout de huit jours on parlait encore de son rapport, lorsque, un matin, Mme la duchesse du Maine trouva sur sa table une lettre anonyme adressée à M. de Fontenelle. Il y avait dans cette lettre ingénieuse un véritable atticisme, et, tout d'une voix, M. de Malézieu fut désigné comme étant l'auteur de ce petit discours plein de grâce et de bel esprit :

« L'aventure de M¹¹ᵉ Tétard fait moins de bruit, Monsieur, que le témoignage que vous en avez rendu. La diversité des jugements qu'on en porte m'oblige à vous en parler... Quoi ! disent les critiques, cet homme qui a mis dans un si beau jour des supercheries faites à mille lieues loin, et plus de deux mille ans avant lui, n'a pu découvrir une ruse tramée sous ses yeux ? Les partisans de l'antiquité, animés d'un vieux ressentiment, viennent à la rescousse. Vous verrez, disent-ils, que le *maître* placera les prodiges nouveaux au-dessus des anciens. En bon pyrrhoniens, ils doutent, et cependant le voilà qui croit tout possible. Ah ! Monsieur, quel bonheur pour les dévots de vous voir adorer le diable ! Encore un pas dans la dévotion, ils vous reconnaîtront comme un des leurs. Les femmes, de leur côté, sont toutes fières de la confiance que vous accordez à leur sexe, et pas une qui ne se glorifie en son par-dedans d'être une faiseuse de miracles, pour peu que cela lui convînt. Tels sont les bruits qui se font autour de votre sagesse, et vous pouvez en être glorieux, puisqu'ils sont un témoignage de l'intérêt qui se rattache aux opinions non moins qu'aux écrits de l'aimable M. de Fontenelle. Agréez cependant, Monsieur le secrétaire perpétuel, mon sincère hommage et ma vive admiration. Permettez en même temps que je cache un nom que M¹¹ᵉ Tétard vous dira bien volontiers, pour peu qu'elle soit en train de deviner. »

— Ah ! que c'est joli, que c'est charmant... c'est divin, s'écria Son Altesse, et pour le coup notre homme est blessé dans ses œuvres vives ; nous le mettons au défi de répondre. Et cependant qui nous dira le nom du bel esprit à qui nous devons ce factum? Ce n'est pas M. de Malézieu, ce n'est pas M. de Valincourt, ce n'est pas M. le cardinal de Polignac, ce n'est pas même M. de Saint-Aulaire, l'homme aux quatrains. Je donnerais beaucoup pour le savoir.

Quand elle eut bien cherché, M. de Silly parla tout bas à l'oreille de la princesse.

— Ah! dit-elle, est-ce possible! A-t-elle donc tant d'esprit?

— Oui, Madame, elle a tout cet esprit-là. C'est une précieuse, dans la bonne acception du terme; elle écrit en prose, elle écrit en vers. Elle est assez maladroite à faire des nœuds, j'en conviens, mais elle tourne agréablement une comédie.

Alors la princesse, un doigt sur sa lèvre, imposa silence à M. de Silly; mais le soir même elle dispensait Mme de Launay de son service à la toilette, et le lendemain elle lui donnait une belle chambre au premier étage, avec le titre de sa lectrice. On en murmura beaucoup dans tous les recoins de la petite cour, mais enfin chacun en prit son parti, et la nouvelle lectrice accepta sa nouvelle fortune avec tant de modestie et de bonne grâce qu'elle se la fit pardonner.

IV

Les choses allaient ainsi chez M. le duc du Maine, où chaque jour amenait un nouveau courtisan : aujourd'hui M. le duc de Brancas, le lendemain le poète Chaulieu, très à la mode en ce temps-là, ou bien le chevalier de Vauvray; un peu plus tard M. Davisart, avocat général du parlement de Toulouse, et l'apparition de M. Davisart dans le château de Sceaux fut un véritable événement. Pas un jour ne se passait sans que Son Altesse Royale ne s'enfermât trois ou quatre heures avec ce nouveau conseiller, très dangereux, et, comme ils rédigeaient ensemble une protestation mystérieuse dont rien ne transpirait dans le château, il vint un instant où la princesse et son conseiller voulurent avoir un secrétaire intime. Après une longue hésitation, Mlle de Launay fut choisie; elle tenait la plume, elle écrivait les discours d'une et d'autre part, tantôt les preuves, tantôt les objections; parfois même elle allait aux bibliothèques ou chez les historiens de profession, chez M. Boivin l'aîné, chez l'abbé Le Camus, interrogeant discrètement ces hommes qui savaient tant de choses. Ainsi chaque jour ajoutait une page à ces factums dont se réjouissaient fort le prince de Cellamare et le cardinal Albéroni.

Un peu plus tard, quand elle se fut persuadé enfin qu'elle avait fait tout ce travail en pure perte et qu'il fallait renoncer au bénéfice du testament de Louis XIV, la duchesse du Maine prêta l'oreille aux bruits qui lui venaient de l'Espagne. Elle n'eut plus si grand'peur de prendre le mot d'ordre du cardinal Albéroni chez le prince de Cellamare. Elle commença d'écrire des lettres dangereuses avec de l'encre sympathique, et M{^{lle}} de Launay l'y servit de son mieux. On écrivait d'abord une lettre à l'encre ordinaire, où l'on donnait toutes sortes de nouvelles courantes ; puis, dans l'intervalle des lignes se plaçaient des choses compromettantes.

Tout ceci était l'A b c de la plus vulgaire diplomatie, et, tant que ces petits secrets n'allèrent pas plus loin, M. le régent ne s'en inquiéta guère. Il savait à peu près tout ce qui se passait à la petite cour et quelles étaient ses méchantes dispositions pour la régence ; mais, comme il avait pour lui la force et le bon droit, il abandonnait la conspiration à elle-même. Or ce fut un grand malheur pour M{^{me}} la duchesse du Maine. Elle s'endormit dans une sécurité qui devait la perdre, et, si par hasard M{^{lle}} de Launay la suppliait de redoubler de prudence, elle ne faisait qu'en rire, et volontiers elle eût dit, comme tous ces conspirateurs que l'on avertit de prendre garde : *A demain les affaires sérieuses,* ou bien encore : *Ils n'oseront.* Notez bien que le premier ministre, qui sera bientôt le cardinal Dubois, était déjà dans le vent de cette conspiration. C'était l'habileté même et la prudence en personne. Il était déjà sûr qu'un jour ou l'autre il tiendrait dans ses mains cette princesse dédaigneuse qui l'accablait de ses mépris. Tout ce monde imprudent marchait en souriant sur des cendres qui recélaient un véritable incendie ; ils s'amusaient les uns et les autres de ces aventures dont à peine ils devinaient la portée, et la foudre qui les devait abattre les trouva profondément endormis.

Un des secrétaires de l'ambassadeur d'Espagne était un jeune homme étourdi, sans portée, et tout entier aux plaisirs de son âge. Un soir qu'il était attendu à souper dans une de ces maisons ouvertes aux oisifs de Paris, il raconta qu'il avait été occupé tout le jour à copier des dépêches qui devaient partir dans la nuit même, et, comme il était las de sa besogne, il ne songea plus qu'à boire, à jouer, à plaisanter. Mais quelqu'un du logis, une femme, avait ramassé cette parole imprudente et la fit passer à M. le régent. Celui-ci fit courir après le courrier de l'ambassade, avec ordre de s'emparer de ses dépêches, et ce courrier, qui ne se hâtait guère, fut arrêté à Poitiers. On lui prit son manteau et son portefeuille, en lui commandant de suivre son chemin ; mais cet homme, aussi zélé que le secrétaire avait été imprudent, revint à Paris par la traverse et marcha si vite, qu'il arriva chez le prince de Cellamare bien avant que les hommes de M. le régent eussent regagné le Palais-Royal. Bien qu'il fût quatre heures du matin, M. le régent était encore à souper, et quand il soupait il n'y avait pas d'affaire d'État assez importante pour qu'on vînt le déranger. Il aimait le bel esprit, la grâce et la gaieté du discours ; il travaillait volontiers toute la journée, à condition que la nuit appartiendrait à ses plaisirs.

Grâce à cette nonchalance coupable, le prince de Cellamare eut le temps d'avertir les principaux complices de sa conspiration. Toutefois, le matin venu, l'ambassadeur d'Espagne est arrêté dans son hôtel par MM. les gardes du corps du roi ; ses papiers sont saisis par ordre du ministre, et, la nouvelle ayant couru de Paris à Sceaux, la duchesse du Maine apprit enfin les dangers qui l'entouraient. Elle jouait au biribi, son jeu favori, quand elle entendit raconter, par un témoin venu de la ville, ces histoires d'hommes enfermés à la Bastille, de papiers saisis et de gens compromis dont la tête était en jeu ; l'infortunée eut encore la force de sourire. Elle apprit, l'instant d'après, que MM. d'Argenson et Leblanc, deux hommes rigides, étaient chargés d'interroger les accusés. A minuit, la duchesse fut avertie, à n'en pas douter, qu'elle serait arrêtée avec M. le duc du Maine, et que sa demoiselle de compagnie était compromise. Elle riait encore ; elle ne pouvait croire à rien de sérieux ; elle s'imaginait que cette conspiration était un jeu d'enfant.

Cependant Mlle de Launay restait près d'elle, et, comme elle s'était endormie, elle fut réveillée par un coup frappé à sa porte : *Ouvrez, de par le roi*, s'écriait une voix inconnue. Elle se lève, elle ouvre, après avoir averti la duchesse. En ce moment, la maison était remplie de mousquetaires et de gardes sous les ordres de M. le duc de Béthune, capitaine des gardes, accompagné de M. de La Billiarderie, son lieutenant. Sans trop de cérémonie, ils annoncèrent à Mme la duchesse du Maine qu'ils avaient ordre de la mettre en lieu de sûreté, et ils la firent monter dans une voiture de place. Elle fut conduite à Dijon, pendant que M. le duc du Maine, innocent de toutes ces intrigues, était enfermé dans la citadelle de Doullens, en Picardie. Ah ! quelle chute, et dans quels abîmes ils étaient précipités ces favoris de la fortune ! Hélas ! qui l'eût prédit à Louis XIV, que ses enfants bien-aimés, la joie et l'orgueil de sa vieillesse, on les traiterait, sitôt après sa mort, comme de véritables criminels !

En même temps tous les amis de la princesse et tous ses confidents furent arrêtés. M. de Malézieu et son fils, M. Davisart, l'abbé Le Camus, deux valets de chambre et quatre valets de pied furent jetés dans les prisons d'État ; le cardinal de Polignac fut exilé en Flandre ; la jeune princesse, la propre fille du duc et de la duchesse du Maine, fut enfermée au couvent de la Visitation, à Chaillot. Voilà donc toute la maison dispersée et toute sa grandeur anéantie. On avait détenu provisoirement et gardé à vue dans sa chambre Mlle de Launay, et son gardien, par compassion :

— Mademoiselle, lui dit-il, ce séquestre est étrange et ne présage rien de bon. Il paraît que vous êtes une des personnes les plus compromises. Croyez-moi, mangez un peu et prenez des forces, vous en aurez grand besoin, j'en ai peur.

Ce terrible homme avait une grande figure et des yeux sinistres, et ressemblait fort à quelque exécuteur des hautes œuvres les plus secrètes.

Cependant Mlle de Launay ne perdit pas tout courage, et, trois ou quatre heures après que tout le monde fut parti, un exempt la vint prendre et la conduisit dans un carrosse à la Bastille. Cette fameuse prison d'État, qui devait tomber en moins de soixante et dix ans entre les mains du peuple de Paris et disparaître en un clin d'œil comme un château de nuages, était alors une puissance formidable. A ce nom seul, la Bastille, les têtes les plus hautes s'inclinaient, les cœurs les plus hardis étaient saisis d'un indicible effroi. Ces vieilles tours, bâties par les anciens tyrans, s'élevaient menaçantes entre ses fossés remplis d'une eau fangeuse, et l'on se racontait tout bas mille histoires sanglantes de ses cachots sans lumière et sans fond. Il était dix heures du soir, le temps était sombre, et le faubourg Saint-Antoine, dont le réveil devait être si terrible en 1701, venait de s'endormir sous les fatigues de la journée. A l'extrémité du pont-levis, la prisonnière attendait qu'on la vînt prendre, et lorsque enfin son tour fut venu d'entrer dans la geôle, on lui fit traverser des passages gardés par des portes de fer. On entendait dans ces longs corridors les plaintes des nouveaux prisonniers, qui n'avaient pas encore l'accoutumance de la prison.

Enfin, étant arrivée aux étages d'en haut, elle fut introduite dans une chambre horrible où tout manquait, le feu, les meubles, la lumière, la propreté; pour tout meuble, une chaise de paille, un bout de chandelle attaché au mur, et tous les gens qui l'avaient amenée, disparus au bruit des portes qui se refermaient. Trois heures après, ces portes s'ouvrirent de nouveau; le gouverneur reparut, amenant avec lui la servante de Mlle de Launay, et cette fois la chambre fut meublée d'un petit lit, d'un fauteuil, deux chaises, une table, une jatte, un pot à l'eau, un grabat pour la jeune servante. « Ah! dit-elle, on sera bien mal couchée! » On lui répondit: « Ce sont les lits du roi. » Puis les prisonnières se couchèrent sans souper. En vain elles voulaient dormir: tous les quarts d'heure elles étaient réveillées au son d'une cloche, et cette habitude est une des plus cruelles de la Bastille.

Et, le jour étant venu, la dame et la servante eurent grand soin de balayer leur chambre et de brûler un des deux fagots que le roi leur accordait chaque jour. Une botte d'allumettes au beau milieu du Champ de Mars produirait presque autant d'effet que ces *fagots du roi* en cette immense cheminée, grillée et barrée autant que les fenêtres. A la première flambée de son feu, Mlle de Launay, triomphante, brûla un papier qu'elle avait soustrait aux yeux de MM. les commissaires: c'était une lettre

La Bastille en 1718.

écrite en entier de la main du chevalier de Silly au cardinal Albéroni. Ce papier, s'il fût tombé entre les mains de M. d'Argenson, eût été l'arrêt de mort de M. de Silly. Restait maintenant à lui faire savoir que ce papier était anéanti. « Dieu y pourvoira, » se disait Mlle de Launay.

Elle resta *au secret* sept à huit jours, au bout desquels le gouverneur lui fit une visite, et l'ayant trouvée assez gaie, il lui raconta plusieurs anecdotes de son royaume, et finit par lui prêter quelques romans dépareillés de Mme de Scudéry. C'étaient des romans sans fin, que l'on eût dit composés tout exprès pour les habitants de la Bastille. Elles sont très longues ces premières heures de la prison, mais l'on s'y fait peu à peu ; bientôt le prisonnier s'habitue à ces bruits si divers ; il reconnaît la garde montante et la garde descendante ; il sait quand arrive un nouveau prisonnier ; il sait quand il s'en va. La nuit, si quelqu'un meurt, les gardiens ont beau faire, on entend le bruit de son cercueil. C'est aussi une grande occupation de lire sur la muraille, écrits au charbon, les noms de tant de malheureux qui ont vécu sous ces voûtes funèbres. Sur une de ces murailles avaient été charbonnés, naguère, par une main habile et fluette, et cependant énergique autant qu'une main guerrière, les premiers chants de la *Henriade*, et le jeune Arouet, lorsque, au sortir de la Bastille, il fut présenté à M. le régent qui lui promettait sa protection :

— J'accepterai, lui dit-il, tous les bienfaits de Votre Altesse Royale, seulement je la dispense de mon logement.

Quand tous les conspirateurs furent arrêtés, alors leur procès commença. Tous les huit jours, M. d'Argenson et M. Leblanc, chargés des interrogatoires, arrivaient accompagnés de l'abbé Dubois. On eût cru voir Minos, Éaque et Rhadamante, les trois juges des sombres bords. Ce qu'ils faisaient, ce qu'ils disaient, les prisonniers n'en savaient rien, et cependant il en transpirait toujours quelque chose. Une grande inquiétude pour la prisonnière, c'était de paraître aux yeux de ces messieurs, quand son heure serait venue, en cornette blanche, en linge blanc, et ce fut sa grande occupation de blanchir ce peu de linge. Aussi bien, grande fut sa joie en recevant toutes ses nippes que lui envoyait un ami du dehors, l'abbé de Chaulieu, le poète. On l'avait épargné, on l'avait oublié; mais lui, il s'était souvenu, et il avait envoyé à la Bastille même un pot de rouge. Ah! que ce brin de rouge fut le bienvenu! tant la dame avait peur de pâlir sous les regards de M. d'Argenson.

Il la fit donc comparaître au bout de trois mois:

— Otez votre gant, dit-il, et levez la main.

Elle avait la main belle et la leva volontiers, jurant de dire toute la vérité, et se promettant bien de n'en pas trop dire. Alors commença l'interrogatoire. On voulait savoir pourquoi elle veillait si tard au chevet de Mme la duchesse du Maine. Elle répondit que c'était pour l'endormir.

— Pourquoi avait-on trouvé tant de livres dans sa chambre?

Elle répondit que c'était parce qu'elle aimait la lecture.

— Et pourquoi tant de papier déchiré?

C'étaient des bagatelles qu'elle avait composées et dont elle ne se souciait plus.

Puis elle fut reconduite à son séquestre, et, quelque peu rassurée, elle trouva que son état était assez doux, à tout prendre. Elle était prisonnière, il est vrai, mais elle était loin des caprices, des violences et des volontés de sa douce maîtresse; elle avait brisé le joug des petites voix qui faisaient le tourment de sa vie ; elle avait fait de sa servante une amie, et pour compagne elle avait une jolie chatte que le gouverneur lui avait donnée étant petite, et qui avait fait bien des petits. Puis, le soir venu, elle n'était pas forcée à jouer la comédie, à manier des cartes, et elle se couchait quand elle voulait dormir.

Cette conspiration de Cellamare, qui eût fait tomber plus d'une tête sous la hache inexorable du cardinal de Richelieu, devint bientôt, entre les mains bienveillantes de M. le régent, une entreprise assez ridicule, et plutôt faite pour amuser les oisifs que pour occuper les hommes d'État. M. le régent se contenta du nouvel abaissement imposé aux princes légitimés, et quand on lui rapportait les vociférations de Mme la duchesse du Maine, il en riait volontiers, acceptant les douleurs de la princesse en dédommagement des humiliations qu'elle lui avait fait subir dans le salon de Mme de Maintenon.

Puis, dans ce plaisant pays de France, on n'est pas fâché de changer chaque matin de héros et d'aventure ; au bout de trois mois, quiconque eût parlé des conspirateurs dans un salon de Paris, eût été regardé comme un sot ; si bien que, même à la Bastille, le juge instructeur avait fini par ne plus interroger les prisonniers que pour la forme. On leur laissait déjà toutes sortes de libertés inaccoutumées en ce lieu de plaisance : ils se promenaient chaque jour au-dessus des tours, et leurs amis qui passaient dans le faubourg leur disaient bonjour du geste et du regard. Un peu plus tard, ces prisonniers, si nombreux d'abord, furent relâchés l'un après l'autre : aujourd'hui M. de Malézieu le fils, M. Bargeton le lendemain ; plus tard encore, elle se rappelait qu'il y avait déjà six mois on était venu chercher M. de Silly, et que l'ingrat était parti oubliant de prendre congé de cette humble amie, et ne se doutant pas que peut-être elle avait sauvé sa tête en brûlant la pièce la plus compromettante du procès.

Que vous dirais-je? Après tant d'angoisses et d'inquiétudes, la prisonnière resta seule à la Bastille, et ne comprenant guère comment la moins coupable était détenue, à l'heure où l'indulgence et le pardon s'étaient étendus sur tous ses complices. C'est une chose étrange et pourtant vraie : aussitôt que le danger a disparu dans une affaire d'État, la captivité devient insupportable. Autant le prisonnier mettait de zèle et d'ardeur à sauver sa vie, autant il reste inerte à présent qu'il se demande quand finira sa captivité. Il en est à regretter même les heures pénibles de l'interrogatoire, et l'aspect du juge, et les bruits du dehors, toujours pleins de menaces sanglantes. Un prisonnier qui n'est que cela, n'est plus rien, même à la Bastille. On l'oublie, on le néglige, et si Mme de Launay n'eût pas rencontré parmi ses gardiens le chevalier de Maison-Rouge pour la plaindre et pour le lui dire, elle eût été bien malheureuse.

Mais le chevalier de Maison-Rouge était si tendre et si bon, avec tant de probité, tant d'honneur, tant de petites recherches pour distraire un peu sa captive; il oubliait si souvent de fermer la porte à double tour; il avait chaque matin un nouveau livre à lui prêter, non pas les vieux romans poudreux de la Bastille, mais le livre à la mode ou la comédie à peine éclose. Dans ses jours de sortie, il s'en allait par la ville, en quête des moindres anecdotes et de tous les bruits qui se débitent dans les ruelles galantes de la place Royale au faubourg Saint-Germain. Puis, tout ce qu'il avait appris, il le racontait avec mille grâces, ajoutant ce qui pouvait plaire, et retranchant tout le reste. Ainsi chaque jour ajoutait aux petits bonheurs que le bon lieutenant apportait dans cette prison, très étonnée et scandalisée, on pourrait le dire, de toutes ces joies.

Il y eut un jour où le lieutenant de Maison-Rouge, oublieux de toute espèce de discipline, s'en vint présenter à Mlle de Launay les hommages d'un prisonnier logé dans la *tour de la Liberté,* ainsi nommée par une aimable ironie à laquelle tous les porte-clefs ajoutaient les bons mots de leur façon. Ce prisonnier était un beau jeune homme, à la fleur de l'âge, un coq-plumet de la jeune cour, M. le duc de Richelieu lui-même. Il s'était plongé, comme un étourdi et pour le vain plaisir d'une nouveauté qui lui semblait piquante, dans la conspiration de Cellamare, et peu s'en fallut qu'il ne payât son étourderie un peu cher. Mais le moyen de livrer au bourreau le dernier héritier du cardinal de Richelieu? Il était déjà le bienvenu du jeune roi ; il était l'ornement de la cour ; ses bons mots, ses exploits, sa jeunesse enfin, tout parlait en sa faveur.

Mais la Bastille lui était insupportable, et quand il apprit par le chevalier de Maison-Rouge que la confidente de Mme la duchesse du Maine était logée à *la Bertandière,* une tour qui faisait face à *la Liberté,* M. de Richelieu n'eut pas de cesse et de fin qu'on n'eût enlevé les clôtures de l'une et de l'autre fenêtre, et le voilà qui se met à chanter à haute voix, mieux que n'eût fait le fameux Lambert ou le célèbre Cocherot de l'Opéra, l'opéra d'*Iphigénie.* Il chantait le rôle d'Oreste, et Mlle de Launay fut bientôt Iphigénie. On n'avait rien entendu de pareil depuis le roi Louis XI. Les plus anciens détenus, ceux qui étaient au secret depuis vingt ans, se demandaient s'ils n'étaient pas le jouet d'un songe. Ah! les malheureux ! c'était la première et la dernière chanson qu'ils devaient entendre avant de mourir.

On touchait à l'automne, et les brouillards plus épais tombaient du haut des tours, lorsque M. de Richelieu quitta la Bastille en grand triomphe. Une des filles de M. le régent s'était jetée aux pieds de son père en demandant la grâce du jeune homme, et le régent s'était laissé fléchir. Le départ de ce joyeux voisin fut encore un ennui pour Mme de Launay, et plus attristée à mesure que l'hiver était plus proche et la solitude plus profonde, elle écrivit à M. Leblanc le billet suivant :

« MONSEIGNEUR,

« Ce n'est ni l'impatience ni l'ennui qui me forcent à vous importuner. Ce qui m'y détermine est la juste appréhension qu'une personne aussi obscure que moi ne soit totalement oubliée. Cette crainte est d'autant mieux fondée, qu'il est peu vraisemblable que les motifs de ma détention en rappellent le souvenir ; je me flatte qu'ils sont aussi peu remarquables que ma personne. Et, dans cette opinion, j'ai trouvé quelque espèce de nécessité de vous remettre en mémoire que j'ai été amenée à la Bastille à la fin de l'année 1718, et que j'y suis encore. Quand je saurai, Monseigneur, que vous vous en souvenez, je me reposerai du reste sur votre équité et sur votre humeur bienfaisante, contente, en quelque état que je sois, d'obéir aux lois qu'on m'impose et de révérer le pouvoir souverain par une soumission volontaire à ses ordres. »

Sa lettre écrite, elle attendit sa délivrance, ou tout au moins l'espérance d'être délivrée. Hélas ! rien ne vint, que l'hiver sombre et menaçant. La prisonnière était à bout de courage. Un temps vient où les heures comptent pour des années; la rêverie est impossible; on ne peut plus lire, on ne dort plus; chaque journée est un long supplice, et pourtant la captivité de la jeune lectrice était un plaisir, comparée au séjour de la duchesse du Maine dans la citadelle où elle était enfermée. Elle était seule, et complètement ignorante du sort de tous les siens; pas une distraction, pas une lettre, et cette aimable princesse, heureuse de toutes les choses de l'esprit, en était réduite à supplier M. Leblanc à peu près dans les termes que Mlle de Launay employait pour elle-même. Si bien que lorsque la duchesse du Maine fut rendue à la liberté, et qu'il lui fut permis de revenir dans sa maison de Sceaux, sa captivité ne pouvait pas se prolonger davantage. D'abord elle se trouva bien isolée en ces lieux privés de leur ancienne splendeur. La disgrâce est contagieuse, et de tous ces courtisans empressés à leur plaire il vint un bien petit nombre. Ah! désormais, plus de fêtes, de comédies, de belles nuits enjouées, aux sons des musiques.

Ils avaient payé leur liberté assez cher; M. le régent, qui n'était pas sans pitié, mais qui ne voulait pas être exposé aux récriminations violentes de ses ennemis, comme il n'avait pu rien tirer des principaux complices de la conspiration et que Mlle de Launay, qui la savait d'un bout à l'autre en sa qualité de secrétaire intime de la princesse, absolument se refusait à parler, M. le régent avait exigé de la principale accusée un aveu complet de son crime, et, de guerre lasse, elle avait signé tout ce qu'on voulait. Ainsi la princesse y laissa beaucoup de sa considération, et le prince, un peu de son propre honneur. Il en avait conservé un si grand ressentiment, qu'il refusa longtemps de rentrer dans sa maison de Sceaux. Tous ces aveux retombaient sur Mlle de Launay, que

M. Leblanc resserrait toujours davantage. Il voulait obtenir de la confidente un aveu auquel s'était soumise la maîtresse, et il s'indignait qu'une servante eût plus de courage et d'honneur que toutes ces dames et tous ces gentilshommes, trop pressés de racheter leur liberté par des lâchetés misérables.

Mais pendant que le public, bon juge en toutes les choses honnêtes, condamnait hautement la conduite de ces conspirateurs si peu constants avec eux-mêmes, tous les regards et, disons-le, tous les respects se tournaient du côté de la captive. « Ah ! disait-on, en voilà une au moins qui ne cède pas aux menaces, et qui maintient ce qu'elle a dit tout d'abord. » Telle est la toute-puissance des louanges populaires, elles franchissent les fossés les plus profonds, elles pénètrent dans les plus hautes citadelles. Mlle de Launay, dans sa solitude, avait comme un pressentiment de l'admiration dont elle était l'objet légitime ; elle en était tout encouragée à résister à la violence. Aussi, ni les menaces d'une captivité sans fin, ni l'espérance d'une délivrance prochaine, ni les peines et les infirmités de la prison, qui finit presque toujours par dompter les volontés les plus fermes, ne vinrent à bout de ce grand courage, et la prisonnière fut plus forte que ses geôliers.

Au bout de six mois encore de cette courageuse résistance, elle vit s'ouvrir les portes de la Bastille, et toute contente, et toute joyeuse, elle prit le chemin de Sceaux dans la voiture publique. Autant elle était entrée en grande cérémonie à la Bastille, accusée et complice d'un crime d'État, autant, à cette heure, elle était une simple bourgeoise, et l'on n'eût jamais dit, à la voir, quel grand rôle elle avait joué dans cette illustre tragédie, où les têtes les plus hautes avaient couru un vrai péril. Comme elle respirait en ce moment l'air pur de la liberté! Quel bonheur de retrouver la causerie et les visages de tous les jours dans le véhicule de tout le monde! A chaque tour de la roue indolente, elle se demandait: « Que dira ma princesse, et comment donc en serai-je reçue? » Elle arrive enfin; la porte est ouverte; elle entre. On lui dit que M⁰ᵉ la princesse du Maine se promène dans ses jardins. Elle y court. La dame était en calèche, à demi couchée, et voyant venir cette confidente si fidèle, la seule qui n'eût pas trahi son secret:

— Ah! dit-elle, vous voilà, j'en suis bien aise!

Et voilà tout ce qu'elle en eut. Pas d'autre explication, pas de récompense, à peine un sourire. Elle reprit le lendemain son humble service, à lire, à veiller, à jouer avec Son Altesse, et peu s'en fallut qu'elle ne regrettât le calme et la paix de sa prison. Ces grands seigneurs d'autrefois, *ces fils des dieux*, s'imaginaient que les petites gens étaient trop heureux de les servir et trouvaient leur récompense dans leur dévouement même. Elle avait rapporté de la Bastille du linge et des robes en méchant état, sa princesse ne songea point à remplacer ces nippes usées dans la prison. Désormais Mˡˡᵉ de Launay comprit qu'elle ne devait rien attendre que d'elle-même, et, bien décidée à sortir de cette captivité déguisée, elle s'en fut visiter ses amis de Paris, et entre autres M. de Chaulieu, qui logeait au Temple, et M. Dacier, qui habitait dans un des galetas du Louvre. Hélas! l'aimable poète, ami des doctes sœurs, M. de Chaulieu, dont les douces chansons avaient été le charme et la gaieté de tout un monde évanoui, Mˡˡᵉ de Launay rencontra son cercueil, comme on le portait dans les caveaux des anciens chevaliers du Temple.

Quand elle eut prié pour M. de Chaulieu, ce fidèle ami

de sa jeunesse, qui lui était resté fidèle même aux heures sombres de la Bastille, elle s'en fut chez M. Dacier... Il avait perdu dans l'intervalle l'illustre et vaillante épouse dont le nom est resté parmi les gloires suprêmes du siècle agonisant de Louis XIV. M⁰ᵉ Dacier ! un éloquent et rare esprit, ami des chefs-d'œuvre, interprète fidèle de l'antiquité. Fille d'Homère, elle avait traduit de la plus digne façon l'*Iliade* et l'*Odyssée*, et sa traduction sans rivale n'a pas été dépassée. Elle a traduit des Latins, Plaute et Térence; et si M. Dacier a mis son nom à la traduction d'Horace, il y fut grandement aidé par cette compagne active de ses travaux.

Malgré sa douleur profonde, et tout pénétré de la perte irréparable qu'il avait faite, il advint que M. Dacier trouva dans M⁽ˡᵉ⁾ de Launay tant de grâce et de bel esprit, et je ne sais quoi de si voisin de la femme qu'il avait perdue, qu'il envoya M. de Valincourt, leur ami commun, demander à *cette fille parfaite,* c'est ainsi qu'il l'appelait, l'honneur de son alliance. Il appartenait aux deux Académies; il était célèbre et fort riche et jeune encore; et M⁽ˡᵉ⁾ de Launay, que la prison avait faite sérieuse, à qui le malheur avait enseigné la prudence et la résignation, accepta la main qui lui était offerte. Elle mit cependant une condition à ce mariage, à savoir le consentement de Mᵐᵉ la duchesse du Maine, espérant que la princesse n'y trouverait aucun obstacle. Elle comptait qu'elle ne serait pas refusée, elle comptait mal.

A la première ouverture qu'on lui fit de ce mariage, la princesse, hors d'elle-même, se récrie; elle ne saurait se passer, disait-elle, des soins et des services de sa lectrice et de sa confidente; elle ne veut pas que son secret transpire au dehors; elle promet, du reste, de s'occuper de sa fortune. En vain M. de Valincourt et les amis de Mlle de Launay représentèrent à cette fille des rois le nom de M. Dacier, son illustration, sa fortune et le bien qu'il pouvait faire à sa nouvelle épouse, ajoutant que pareille occasion ne serait pas facile à retrouver, elle n'en fut que plus décidée à ne rien entendre, et le mariage fut rompu.

Cependant M. le duc du Maine, après avoir résisté de toutes ses forces au tyran de sa vie, avait fini par rentrer dans sa maison de Sceaux. Là, il menait une vie austère et retirée, appelant la prière à son aide, et trouvant une grande force à se souvenir des leçons de Mme de Maintenon et des pieux exemples de Louis XIV. Ce prince infortuné, dont l'enfance et la jeunesse s'étaient passées dans une abondance infinie et une prospérité de toute chose voisine des fables, quand il eut passé par toutes ces épreuves d'une humiliation sans cesse et sans fin, se vit frapper d'un mal sans remède et grandissant chaque jour. Une lèpre, horrible à voir, s'étendit peu à peu sur son visage, et bientôt il fut impossible de le contempler sans dégoût. Plus il se sentait frappé, plus il s'enfonçait dans l'ombre et dans la solitude, et, cette fois encore, Mlle de Launay, courageuse entre toutes, se fit la gardienne et la consolatrice de ce malheureux prince. Elle pleurait avec lui, elle priait avec lui ; elle écoutait sa plainte, et parfois elle le ramenait au souvenir de ses beaux jours, quand le palais de Versailles resplendissait de toutes ses grandeurs.

Que vous dirai-je? Il avait, tout malheureux qu'il était, conservé un cœur tendre et reconnaissant, et quand il se vit voisin de sa dernière heure, il déclara qu'il voulait établir Mlle de Launay avant de mourir. Mais M. Dacier était mort sur l'entrefaite, et M. de Silly, qui parfois semblait regretter sa conduite passée, avait laissé dans le cœur de la délaissée un si cruel souvenir, que son nom seul était pour elle une épouvante. Enfin, quand M. le duc du Maine eut bien cherché une récompense à sa garde-malade, il jeta les yeux sur un officier de sa maison, un honnête homme, d'un esprit médiocre et d'une humble fortune ; il avait passé cinquante ans, et toujours vécu de son épée ; une petite ferme à Gonesse, la patrie du bon pain, une maison assez jolie, un troupeau de moutons, un grand amour pour la vie des champs, un esprit paisible, il avait tout ce qui fait le bonhomme, et pas d'autre ambition que d'être enfin le capitaine et maréchal de camp aux gardes suisses d'une compagnie dont il était depuis longtemps le lieutenant.

Et si lasse était Mme de Launay de tant d'émotions et de révolutions dans cette petite cour, qu'elle accepta volontiers la main de ce brave homme, en se chargeant de demander, pour sa dot, ce brevet de capitaine dont il faisait les fonctions depuis tantôt deux années. Cette fois encore, il fallut s'attaquer à la duchesse du Maine, implorer sa bonne grâce, et lui faire accepter les propositions de ce vieil officier, très sage et très prudent, qui voulait bien se marier, mais à condition qu'au préalable on le bombarderait au grade objet de son envie. A la fin, et comme aussi le duc du Maine l'exigeait, la princesse accepta cette alliance ; elle consentit, et le duc du Maine, ayant obtenu le brevet du baron de Staal, donna à la mariée une belle tabatière, une belle robe et sa main à baiser. M. de Staal, en revanche, offrit au maître de Sceaux un agneau de sa bergerie.

A la fin les voilà mariés et retirés bientôt dans leur maison des environs de Paris. Sous ces modestes ombrages, dans ces prairies dont la limite était bien étroite, à côté de ce mari qui ne savait que raconter les petites guerres qu'il avait faites et les petits événements dont il avait été le témoin, M™ de Launay, calme et résignée, écrivit les Mémoires de sa vie. Elle eut grand soin, dans cette tâche assez dangereuse, de n'en montrer que les beaux côtés ; elle voulait paraître aimable, afin de laisser d'elle-même et de son passage ici-bas un bon souvenir. Cependant nous avons retrouvé un portrait qu'elle avait écrit de sa main, et qui la montre à peu près telle qu'elle était, l'heure n'étant pas venue encore où l'on arriverait à écrire en toutes lettres et sans y rien omettre, non pas même la honte et le mépris, ses propres confessions. On ne lira pas sans intérêt les deux pages que voici :

« M™ de Launay est de moyenne taille, assez maigre, et désagréable au premier abord. Son caractère et son esprit sont comme sa figure ; il n'y a rien de travers, mais aucun agrément. Sa mauvaise fortune a beaucoup contribué à la faire valoir. La prévention où l'on est que les gens dépourvus de naissance et de bien ont manqué d'éducation fait qu'on leur sait gré du peu qu'ils valent ; elle en a pourtant eu une excellente, et justement elle en a tiré ce qu'elle a de bon, les principes de vertu, les sentiments élevés, et les droits sentiers d'une conduite exacte que l'habitude à les suivre lui a rendus faciles et naturels.

« Sa folie a toujours été de vouloir dominer par la logique et la raison ; et, comme les femmes qui se sentent serrées dans leur corps s'imaginent être de belle taille, sa raison l'ayant incommodée, elle a cru en avoir beaucoup. Toutefois elle n'a jamais pu surmonter la vivacité de son humeur, ni l'assujettir du moins à quelque apparence d'égalité, ce qui souvent l'a rendue désagréable à ses maîtres, à charge dans la société, et tout à fait insupportable aux gens de sa dépendance. Heureusement la fortune ne l'a pas mise en état d'en envelopper plusieurs dans cette disgrâce. Avec tous ces défauts, elle n'a pas laissé que d'acquérir une véritable réputation, qu'elle doit uniquement à deux occasions fortuites : l'une a mis au jour ce qu'elle pouvait avoir d'esprit, et l'autre a fait remarquer en elle de la discrétion et quelque fermeté. Ces événements, ayant été fort connus, l'ont fait connaître elle-même, malgré l'obscurité où sa condition l'avait placée, et lui ont attiré une considération au-dessus de son état. Elle a tâché de n'en être pas plus vaine ; mais déjà la satisfaction qu'elle a de se croire exempte de vanité en est une.

« Elle a rempli sa vie d'occupations sérieuses, plutôt pour fortifier sa raison que pour orner son esprit, dont elle fait bon marché. Aucune opinion ne se présente à son esprit avec assez de clarté pour qu'elle s'y affectionne, et ne soit aussi prête à la rejeter qu'à la recevoir ; ce qui fait qu'elle ne dispute guère, si ce n'est par humeur. Elle a beaucoup lu, et ne sait pourtant que ce qu'il faut pour entendre ce qu'on dit sur quelque matière que ce soit, et ne rien dire de mal à propos. Elle a recherché avec soin la connaissance de ses devoirs et les a respectés aux dépens de ses goûts. Elle s'est autorisée du peu de conplaisance qu'elle a pour elle-même à n'en avoir pour personne ; en quoi elle suit son naturel inflexible, que sa situation a plié sans lui faire perdre son ressort.

« L'amour de la liberté est sa passion dominante, passion très malheureuse en elle, qui a passé la plus grande partie de sa vie dans la servitude ; aussi son état lui a-t-il toujours été insupportable, malgré les agréments inespérés qu'elle a pu trouver.

« Elle a toujours été fort sensible à l'amitié, cependant plus touchée du mérite et de la vertu de ses amis que de leurs sentiments pour elle ; indulgente quand ils ne font que lui manquer, pourvu qu'ils ne se manquent pas à eux-mêmes. »

Certes, le portrait n'est pas flatté, mais il est simple et vrai ; il nous montre en tout son jour cette personne adroite et droite qui s'est trouvée mêlée à de grands événements qu'elle a dominés de la hauteur de son courage et de la sagacité de son esprit. Par un bonheur inespéré, le succès de la vie et des Mémoires de M⁰ˢ de Staal et le renom de bel esprit qu'elle a laissé l'ont fait confondre, à cinquante ans de distance, avec un des plus grands génies du commencement de l'empire, M⁰ᵉ la baronne de Staël, l'illustre auteur de *Corinne* et des *Considérations sur la Révolution française*. Heureuse confusion ; elle ne saurait attenter à la gloire de M⁰ᵉ de Staël; elle jette une clarté très grande et très heureuse sur le souvenir de M⁰ˢ de Staal, qui s'en va s'amoindrissant et s'effaçant toujours.

ZÉMIRE

ZÉMIRE

Au bout du pont Royal, sur le quai d'Orsay, non loin de l'ancien hôtel de MM. les gardes du corps du roi, un café de sérieuse apparence est rempli tout le jour d'une foule d'honnêtes gens qui viennent prendre en ce lieu leur repas du matin et leur repas du soir. On y parle à voix basse, et, si parfois quelque étranger s'égare en ces salons bien hantés, il prend soudain le diapason des habitués du café de la rue du Bac ; si bien que les femmes les plus distinguées ne redoutent pas d'y venir, en compagnie de leur frère ou de leur mari.

Un beau jour du mois de juin (il avait plu dans la matinée et le pavé était encore humide), un carrosse à l'ancienne marque, sorti des ateliers d'Erlher, et conduit par un cocher aux cheveux blancs, déposa sur le seuil du café une vénérable dame du faubourg Saint-Germain, accompagnée de sa nièce, une personne sérieuse, qui avait déjà dépassé la vingtième année. Elle-même, la nièce, avait pour chaperon, mieux qu'une servante, une amie, une sœur de lait. Celle-ci s'appelait Mariette ; elle avait dix ans de plus que sa compagne ; elles se tutoyaient l'une et l'autre, avec une certaine déférence du côté de Mariette. Elle était vêtue en paysanne cossue ; à sa tête le vaste bonnet normand ourlé de dentelles, à son cou la croix martelée à Fécamp par les anciens orfèvres de l'antique province. Autant la demoiselle était frêle et d'une apparence chétive, autant la Mariette était d'une opulente et vivace santé. Rien ne gênait son beau rire et son grand art de ne s'étonner de rien. Il y avait déjà trois ou quatre jours que ces dames avaient fait le projet de venir déjeuner *en garçons* dans cette maison, voisine de leur hôtel ; elles s'en faisaient une grande fête. A leur entrée, il y eut parmi les habitués un mouvement de curiosité discrète et bientôt réprimée, chacun ayant compris que les nouvelles venues appartenaient évidemment au meilleur monde.

A peine elles furent assises :

— Ah ! mon Dieu, s'écria Mariette, Zémire est perdue ! Où donc est-elle ? Elle m'est échappée, et Dieu sait si la pauvrette est en peine !

En même temps, elle se levait en criant :

— Zémire ! Zémire !

Or Zémire avait retrouvé la piste, et si contente et si gaie elle allait à travers les deux salons, disant à chaque gambade, en petits cris joyeux :

— Rassurez-vous, chères amies, me voilà !

Zémire était une bête charmante de la plus belle race écossaise et grosse à peine comme le poing. Elle avait les grâces et les gaietés de la première jeunesse ; ignorante de toute malice, il n'y avait rien de plus leste et de plus enjoué. La nuit venue, elle couchait sur les pieds de Mariette ; toute la famille en raffolait ; tout le quartier savait son nom. Sa jeune maîtresse l'appelait *l'oiseau*. Que de morceaux de sucre à son intention dans toutes les poches d'alentour ! et tendre à l'avenant, un doigt levé lui faisait peur, la grosse voix remplissait son cœur de remords. Mais le moyen de se fâcher contre un si frêle animal qui vous regardait, sous sa chevelure soyeuse, avec ses deux yeux d'escarboucles ?

Cependant elle fut grondée :

— O la laide ! disait Mariette.

Et la pauvrette, humiliée, se traînait aux pieds de ses trois maîtresses. La plus jeune, enfin, lui pardonna, et soudain ces trois mains bienveillantes la couvrirent de caresses. Alors la voilà ressuscitée, et plus que jamais bondissante à travers ces hommes d'habitudes et d'humeur si différentes. Mais, quoi ! dans le premier salon son succès fut complet. Elle, alors, se voyant encouragée, eut la curiosité, disons mieux, l'imprudence de traverser la grande salle par où elle était entrée. Elle arracha le journal de celui-ci, juste au moment où son ministre était traité de Turc à More ; elle enleva la serviette de celui-là, comme il allait s'essuyer les mains. Elle eut même l'audace d'effleurer de sa patte, où restait un brin de poussière, le pantalon blanc du sous-lieutenant Joli-Cœur, et le sous-lieutenant se contenta de grogner : « La vilaine bête ! »

Oui-da, mais il y avait dans le fond de la salle, au coin de la porte d'entrée, un peu dans l'ombre et prenant une glace panachée autant qu'elle-même, une dame attifée et trop parée. Elle portait une robe à longue traîne, et la malheureuse Zémire, qui ne connaissait pas chez sa maîtresse ces sortes d'embarras, laissa sur l'étoffe traînante l'empreinte légère de ses trois pattes, la quatrième étant essuyée sur le pantalon blanc de Joli-Cœur. Mais, juste ciel ! les grands cris que poussa la dame ! Elle jurait que sa robe était perdue. Eh ! comment finir cette journée? il fallait rentrer au logis. Plus la dame aux riches atours semblait irritée, plus la bestiole implorait son pardon, sans se douter que cette robe était un phénomène. Enfin un jeune homme qui était avec cette femme irritable asséna sur la tête et sur les deux pattes de la triste Zémire un violent coup de ses deux gants. Tout le café retentit du cri de Zémire.

Hélas! c'était la première fois qu'elle était battue! Elle revint en toute hâte au groupe où sa plainte avait soulevé tant d'angoisses... Un doute arrêta la triste Zémire : elle se demanda si ses trois gardiennes, épouvantées de l'accident, auraient assez de force pour la défendre et de volonté pour la protéger contre un nouvel attentat. Alors, s'étant décidée et, d'un bond plein de grâce, elle se mit à l'abri du commandant Martin, qui déjeunait paisiblement en face de Mariette, Mariette ayant déjà remarqué que son voisin respirait à la fois le calme austère et la bonté d'un homme habitué au commandement.

Martin commandait à tout un escadron de cavalerie légère et pas un de ses officiers qui passât devant lui sans lui présenter ses respects.

Il ne comprit pas, tout d'abord, les malheurs de Zémire, et pourtant, flatté de sa préférence, il l'adopta d'un geste paternel :

— On nous a donc fait un gros chagrin! dit-il, quelque brutal aura marché sur la patte à Zémire! Allons, consolons-nous!

Il disait ces tendres paroles d'une voix si douce, que Zémire en fut toute rassurée; et que les trois dames en furent touchées jusqu'aux larmes. Quand il vit que le mal était dissipé et qu'il pouvait toucher à la tête endolorie :

— Eh bien, ça ne sera rien, reprit-il, et maintenant, qu'en dis-tu, si nous déjeunions?

Zémire au café d'Orsay.

Ce brave homme avait devant lui une tasse de café au lait, où il mouillait un petit pain qu'il présenta à Zémire. Elle était plus délicate que lui, et refusa le pain, non pas sans tremper sa langue dans la tasse. Il l'encourageait de son mieux. Quand il eut achevé son pain, il offrit dans sa cuiller un peu de brioche à Zémire. Elle avait faim, elle ne fit pas la rechignée et mangea la moitié de la brioche. Alors ce brave homme acheva sa tasse de café au lait sans honte et sans perdre une miette. Il était sobre et vivait de peu. Les trois femmes, qui le regardaient à la dérobée et le dévoraient du regard, se disaient d'un signe imperceptible :

— Il n'y a rien de plus simple et de meilleur que cet homme-là.

Quand tout fut bu et mangé, Zémire s'endormit paisiblement sur le bras de son hôte, et le commandant, retenant son souffle, se mit à lire une revue. Nos trois femmes, qui n'étaient pas non plus que Zémire habituées à tant d'émotions, attendirent assez longtemps leur modeste déjeuner ; mais elles se consolèrent de leur attente, quand le commandant fut arrêté dans sa lecture par un de ses frères d'armes. Ils ne s'étaient pas rencontrés depuis longtemps, et celui-ci disait à celui-là :

— Qu'êtes-vous devenu, mon commandant ? Nous vous avons laissé mort sur le champ de Solférino, et nous vous avons bien pleuré.

— Mon cher lieutenant, reprenait le commandant Martin, la guerre et la gloire ont leur mauvaise chance, et tout autre mort que le commandant Martin se fût relevé colonel, avec la croix d'officier de la Légion d'honneur. Mais les uns et les autres, vous m'avez trop pleuré, et mes lanciers, petits et grands, ont été quittes avec moi en disant : « C'est dommage ! » Revenu de si loin, j'ai retrouvé mon grade et mon escadron, et ma louange étant épuisée, on n'a plus parlé de moi. Cependant je suis fatigué ; j'en ai assez de la guerre. Ah ! si j'avais seulement quelque bout de ferme où je pourrais, en travaillant, gagner douze cents francs de rentes... Mais je suis pauvre et fils d'une humble famille. Il me faut attendre absolument la croix d'or et le titre de colonel. Toutes ces fortunes réunies, j'irai retrouver mon père, un capitaine marchand du port de Honfleur. Voilà toute mon espérance. Acceptez cependant que je vous offre une modeste absinthe, comme autrefois, quand nous étions à l'École militaire et que la cantinière nous refusait le crédit.

La jeune fille ne perdait pas un mot de cette conversation, où se montraient, dans un jour si modeste, le courage et la bonté du soldat. Mariette aussi enfouissait dans son cœur tous les rêves de *son* commandant. A la fin, le lieutenant prit congé de Martin, et voyant Zémire endormie :

— Au moins, dit-il, vous avez là un joli camarade, et vous êtes sûr d'être aimé.

— Ce n'est pas à moi, répondit Martin, ça dort comme un enfant sur le premier venu. C'est vraiment une bête charmante.

Ce fut en ce moment que Mariette ayant soldé la carte à payer, les trois dames se levèrent pour sortir, non pas sans faire un beau salut au commandant Martin. La jeune fille, en rougissant, balbutia quelques excuses ; la vieille dame entreprit d'expliquer comment elle s'appelait la marquise d'Escars, et qu'elle serait heureuse d'ouvrir au commandant les portes de son hôtel de la rue de l'Université. Mariette eût voulu pour beaucoup embrasser le blessé de Solférino et lui donner sa croix d'or, qui brillait comme un rendez-vous de soleils ; mais, avec des allures décidées, Mariette était timide et n'osa pas ; elle finit par appeler :

— Zémire !

Alors Zémire, ouvrant un œil languissant, et comprenant qu'il fallait traverser de nouveau la grande salle où elle avait été si malheureuse, se rejeta d'instinct dans les bras du capitaine. Elle ne reconnaissait plus Mariette elle-même ; elle se serait fait tuer plutôt que d'aller rejoindre la porte où se tenait la dame au jupon traînant. Ses trois maîtresses s'étonnaient de cette résistance :

— Allons, je vois ce que c'est, reprit le bon commandant en frottant la tête de Zémire ; il faut à mademoiselle un garde du corps.

Puis, sans dire mot et tête nue, il suivit ces dames, qui traversèrent tout le café, et quand elles furent rentrées dans le carrosse, il déposa Zémire sur le giron de la jeune demoiselle.

— Adieu, ma chère petite bête, disait-il, je te laisse entre de belles et bonnes mains.

Puis il rougit d'avoir fait un si long compliment.

Ne vous étonnez pas qu'une humble bestiole ait soulevé tant de sympathies en de si nobles cœurs, et s'il vous fallait un exemple, un témoignage en l'honneur de l'un de ces animaux, qui sont en train de prendre « leurs degrés de naturalisation dans l'espèce humaine », c'est un mot de M. Buffon lui-même, il vous suffirait de lire un admirable passage à la date du 13 novembre 1675 :

« Vous êtes étonnée que j'aie un petit chien ; voici l'aventure : J'appelais, par contenance, une chienne courante d'une madame qui demeure au bout du parc ; Mme de Tarente me dit : « Quoi ! vous savez appeler un « chien ? Je veux vous envoyer le plus joli chien du « monde. » Je la remerciai et lui dis la résolution que j'avais prise de ne me plus engager dans cette sottise ; cela se passe, on n'y pense plus. Deux jours après, je vois entrer un valet de chambre avec une petite maison de Chine toute pleine de rubans, et sortir de cette jolie maison un petit chien tout parfumé, d'une beauté extraordinaire ; des oreilles, des soies, une haleine douce, petit comme une sylphide, blondin comme un blondin. Jamais je ne fus plus étonnée ; je voulus le renvoyer, on ne voulut jamais le reporter. C'est ma petite servante Marie qui s'est mise au service du petit chien ; il couche dans sa maison et dans la chambre de Beaulieu ; il ne mange que du pain ; je ne m'y attache point encore, mais il commence à m'aimer et je crains de succomber. Voilà l'histoire, que je vous prie de ne point demander à Marphise, car je crains les bouderies. Au reste, une propreté extraordinaire ; il s'appelle *Fidèle* ; c'est un nom que les amants des plus belles princesses ont bien rarement mérité... »

Depuis toute une semaine, le commandant Martin et ses bontés pour Zémire furent le sujet des conversations les plus suivies dans l'hôtel d'Escars. On en parlait tout le jour et tous les jours ; il n'était pas un habitué de la maison, entre deux parties de whist, qui ne fût forcé d'entendre une oraison presque funèbre du chevalier sans peur et sans reproche. La tante et la nièce, et surtout Mariette, se disputaient pour savoir si le commandant était le bien invité à venir chez la marquise. Elle soutenait que oui ; elles disaient que non, et qu'il fallait plus de cérémonie. Il fut enfin décidé qu'une belle lettre serait écrite au commandant Martin par la dame de céans, et que Mariette, qui ne doutait de rien, la porterait à la caserne.

— On te conduira jusque-là, disaient la tante et la nièce.

Au fait, à quatre heures sonnantes, on pouvait les voir qui longeaient, en leur carrosse, le quai d'Orsay, plongé dans la consternation. Il y avait, autour de la caserne, des femmes et des enfants qui pleuraient, des créanciers désolés, des amis au désespoir. On se disait adieu, on se serrait les mains. Les lanciers saluaient de la lance et les dames de leurs mouchoirs. La musique sonnait de toutes ses sonneries : trompettes, clairons et bassons. Le drapeau déployait sa flamme à tous les vents ; les chevaux hennissaient, les sous-officiers juraient, les lanciers riaient, les chiens hurlaient. Sur un cheval blanc se tenait un grand corbeau les ailes étendues ; il appelait la tempête, et la tempête ne venait pas.

Tout disparut dans les lointains poudreux du Champ de Mars. Les officiers venaient à la suite, et, le dernier de tous, le commandant Martin, simple et calme à son habitude. Il reconnut ces dames, et la petite bête à la portière, qui regardait, curieuse, tout ce départ. Le capitaine alors les saluant de l'épée :

— Adieu, Zémire !

Et Zémire aboya douloureusement.

Sur l'entrefaite revint Mariette. Un maréchal des logis chef, interrogé par l'intelligente servante, répondit que c'était tout au plus si le commandant savait à l'avance la destination du régiment, et Mariette, attristée, avait pensé qu'il était inutile de remettre la lettre d'invitation.

Tout fit silence.

— Ah ! ma tante, s'écria la nièce, je suis bien malheureuse, et que nous avons de reproches à nous faire ! Au moins devais-je lui dire le nom de notre famille et que mon père était un des chefs de l'armée. Hélas ! le voilà parti sans se soucier de ces ingrates... Adieu, Zémire !

Et Zémire, voyant pleurer sa jeune maîtresse, essuya ces beaux yeux qui n'avaient pas souvent pleuré.

C'est une tâche ingrate, une entreprise difficile, de

conduire à cent lieues de distance une troupe de cavaliers. La route est longue, les étapes sont désignées à l'avance, les rafraîchissements sont rares. Chemin faisant, plus d'un cheval se déferre, et plus d'un homme en proie au soleil tombe et se blesse dans la poussière du grand chemin. Toutes ces responsabilités, petites et grandes, pèsent sur la tête du commandant. Il répond de la santé de ses bêtes et de ses hommes. Il faut qu'il improvise à chaque instant une ambulance, un hôpital; c'est pis que la guerre une pareille marche, et sitôt que nos soldats n'ont plus qui les regarde, à peine ils ont traversé les cités curieuses et les hameaux étonnés, soudain s'en va toute gaieté; plus de rire et plus de chanson. Rien de triste et de sérieux comme un grand chemin qui n'en finit pas; surtout l'heure était mauvaise et mal choisie au mois de juin. Pas un brin d'herbe à la prairie et pas une ombre aux arbres languissants. Les anciens se montraient là-bas une longue vallée où murmuraient l'an passé tant de ruisseaux sur des rives hospitalières. O misère ! les eaux limpides avaient disparu ; le ruisseau était plein de cailloux; le cheval, harassé, cherche en vain sur les pommiers du sentier quelques fruits verts pour apaiser la soif qui le dévore. Le pommier n'a plus de fruits, le soleil plus de nuages. Elle-même, la nuit, favorable au repos, la nuit était brûlante. Il fallut huit jours pour trouver à Vernon un répit dont ces malheureux avaient si grand besoin.

Hommes et cavaliers, Vernon leur fut un véritable Paris. Bientôt rafraîchis par deux jours de repos, ils gagnèrent Rouen, la capitale de la Normandie, et Rouen les garda trois mois pour remplacer un régiment de cuirassiers qui tenait garnison dans l'antique Évreux, sous les murs hospitaliers de Saint-Taurin. Enfin toutes ces forces étant réparées, hommes et bêtes en bon état, le jour vint où le commandant Martin, faisant l'inspection de ses lanciers, les trouva si beaux et dans un état si prospère :

— Enfants, dit-il, nous entrerons demain dans la capitale du Calvados. La ville appartient à des magistrats qui nous feront bonne mine d'hôtes, et j'espère que nous nous conduirons tous en honnêtes gens.

Le commandant ne haïssait pas les bonheurs d'une courte harangue. Il était content d'avoir accompli toute sa tâche ; il se disait que l'heure du repos était venue et que maintenant sa destinée était accomplie, ayant renoncé à toute espérance d'avancement ; puis il se sentait chez lui. Il chantonnait entre ses dents la chanson nationale :

> J'irai revoir ma Normandie,
> C'est le pays qui m'a donné le jour.

Ainsi songeant, ils entrèrent, en bon ordre et rendus à la discipline austère, dans l'antique cité de Guillaume le Conquérant. La ville de Caen est l'une des plus vieilles de la grande province. A chaque pas vous rencontrez une maison curieuse et vous foulez une longue histoire. La ville est sévère, et les habitants, silencieux, respectent le passage des gens de guerre. Toutefois chaque habitant s'en vint sur le seuil de son logis saluer ces nouveaux arrivés. Il y eut même (et c'étaient des joies à n'en pas finir) plus d'un père et plus d'une mère qui reconnurent leur fils le brigadier, leur fils le trompette ou le sous-lieutenant. La troupe alors s'arrêtait un instant pour les premières effusions ; puis les passants continuaient leur chemin aux hennissements des chevaux, qui comprenaient enfin qu'ils étaient arrivés. Le commandant allait cette fois le premier, cherchant, mais en vain, quelque visage connu. Il entendit cependant à la fenêtre d'une grande maison, gardée par une sentinelle, un cri de surprise et de joie, et même il lui sembla qu'une main bienveillante envoyait à son adresse un baiser qui se sentait dans les airs :

— Si c'était pour moi! se disait le commandant.

Il se sentait déjà moins seul et moins perdu dans cette illustre cité, où l'église et la magistrature, la science et le droit avaient posé leurs tabernacles.

Ils arrivèrent ainsi à la porte de la caserne où les attendait l'état-major du régiment.

— Soyez le bienvenu, commandant, disait le colonel, mais vous avez diablement tardé! nous sommes ici depuis quinze jours.

Ce colonel n'était pas un méchant homme ; il était un officier de fortune. Il n'avait pas trouvé d'obstacle en son chemin : tout lui avait réussi, et surtout la faveur des inspecteurs généraux, pas un de ces messieurs ne voulant déranger un contentement si parfait. Il faut dire aussi que ce colonel trop heureux était plus jeune de dix années que le commandant Martin. Il n'avait pas dans tout son corps une seule blessure ; il se portait à merveille, et M. son père lui faisait une haute paye de deux cents louis, ce qui représente une grosse somme au régiment le mieux tenu. Quand toutes les formalités furent accomplies, chaque homme à sa place et le cheval à la provende, les officiers de tout le régiment dînèrent ensemble, et les premiers arrivés portèrent la santé des nouveaux venus.

— Nous voilà bien loin de Paris, disait le lieutenant Charlier, et Dieu sait quand nous déjeunerons au café de la rue du Bac.

Alors chacun raconta son histoire, et, chose étrange,

le commandant Martin, le seul homme qui eût une histoire à raconter, ne la raconta pas.

La fin de la soirée fut consacrée aux principaux fonctionnaires, non moins qu'aux plus belles personnes de la ville de Caen. M. le premier président d'Orival et Mme Morton, la jeune femme de l'avocat général, furent cités pour leur hospitalité généreuse. Plusieurs jeunes gens, d'une seule épaulette, plus redoutable que les épaulettes étoilées, proclamèrent le nom des belles danseuses : Mlle Sophie et Mlle Marie, enfants de l'Hôtel de ville, et la belle entre les belles, Mlle Amélie avec sa sœur Aurore.

— Quant à moi, disait un sous-officier de la veille, je ne trouve rien de plus charmant que Mme Mariette, l'honneur et la grâce de la maison du général de Beaulieu.

Et la conversation s'empara du général ; les uns disaient que c'était l'un de nos meilleurs officiers généraux, les autres affirmaient qu'il était dur et sans pitié.

— Il n'est pas juste.
— Il n'a fait de bien à personne.
— Il a brisé les plus belles carrières, disaient ceux-ci.
— Au contraire, affirmaient ceux-là, le général de Beaulieu est la bonté même...

Au demeurant, les uns et les autres se rappelèrent qu'ils devaient le lendemain leur première visite au général commandant la ville de Caen.

Le lendemain, sur le midi, à l'heure militaire, le colonel, suivi des officiers en grande tenue, frappait à la porte de M. le lieutenant général comte de Beaulieu. Ces messieurs furent reçus dans le grand salon, orné d'une vieille tapisserie où l'on voyait l'histoire de Macette. L'appartement était vaste et sombre. Le colonel présentait ses officiers ; ceux-ci saluaient, et le général disait un mot agréable à chacun. Quand vint le tour du commandant

Martin, le colonel le présenta au général en le nommant d'une voix brève :

— Et si vous n'avez pas reçu plus tôt la visite du régiment, mon général, la faute en est au commandant, qui s'est fait attendre.

Ce manque inusité de courtoisie, à propos d'un tel homme en un pareil moment, fut assez mal reçu dans toute la compagnie. Heureusement le général, très brave homme et très juste en dépit de tous les discours, s'approchant du commandant :

— A coup sûr, lui dit-il, vous êtes l'officier Martin, le ressuscité de Solférino. Faites-moi l'honneur de me donner la main. Si vous êtes arrivé trop tard dans notre garnison, au moins vous avez ramené tout votre monde, bêtes et gens, sans oublier le corbeau du régiment. Vos devanciers ont laissé vingt hommes dans les hôpitaux civils et militaires. Soyez donc le bienvenu, mon cher commandant. Mais comment se fait-il qu'après vos belles actions d'Italie vous ayez été si mal récompensé ? Je suis-là, Dieu merci, pour rappeler vos droits et vos services. Comptez donc sur mon zèle et mon amitié.

Ces nobles paroles furent accueillies par un murmure approbateur.

— Mon général, répondit le commandant Martin, me voilà payé de toutes mes peines. A quoi bon la récompense ? elle ne peut rien ajouter à l'honneur que vous me faites. Tant pis pour moi, qui n'ai pas trouvé pour me défendre et me protéger quelque protectrice à la mode. Elles font les colonels, elles défont les capitaines.

Comme il achevait de parler, la gardienne du logis, se précipitant dans le salon avec des cris joyeux, monta sur la table et couvrit le bon Martin de ses plus vives tendresses. Sa joie allait jusqu'au spasme, et, pour peu qu'on ne l'eût pas ménagée, elle touchait à la folie. Un instant le général parut très étonné, mais il se remit bien vite.

— Pardieu, commandant, que disiez-vous de la cruauté des dames? En voici une qui vous compromet devant tout le monde, et vous pouvez en être fier ; vous êtes le premier pour qui Mlle Zémire ait jamais montré une si grande passion.

— Elle et moi, reprit Martin, nous avons déjeuné un jour au quai d'Orsay, à la même table, et je suis bien content qu'elle ait daigné s'en souvenir.

— Après la recommandation de ma fille, reprit le général, je n'en sais pas de plus puissante que l'amitié de ma petite Zémire. Elle est la joie de la maison.

Le colonel fut reconduit chez lui par tous les officiers, mais les vrais saluts et les félicitations de ces braves gens s'adressèrent surtout à leur exemple, à leur ami le commandant Martin. Cette fois donc justice était rendue, et pas un ne s'étonna lorsqu'aux premiers jours de juillet un officier d'ordonnance apporta sous un pli cacheté aux armes du général l'invitation que voici :

« Mlles Louise et Zémire de Beaulieu et M. le général de Beaulieu prient M. le *colonel* Martin de leur faire l'honneur de dîner, demain mardi, à l'hôtel du général. »

Le lecteur a deviné que dans l'intervalle une grande amitié s'était établie entre le colonel Martin et le général de Beaulieu. Le colonel était reçu comme un ami de tous les jours, et c'était dans ce logis bien tenu à qui s'empresserait de lui faire oublier son isolement. Quant à s'inquiéter des sentiments qu'il pouvait inspirer à Mlle Louise de Beaulieu, il ne s'en inquiétait pas le moins du monde. Il entourait la jeune fille de ses meilleures déférences et de tous ses respects. Pensez donc s'il fut étonné lorsque M⁽ˡˡᵉ⁾ Mariette, l'interrogeant à la façon du juge d'instruction :

— Nous voudrions savoir, Monsieur le colonel, dans quelles intentions vous venez si souvent dans notre maison. Il serait temps de le dire, surtout si c'est notre jeune demoiselle qui vous attire. A vous parler franchement, il ne dépend que de vous d'obtenir la main de M⁽ˡˡᵉ⁾ de Beaulieu. Il nous a semblé que vous n'étiez pas mal vu de M⁽ˡˡᵉ⁾ Louise, et que votre mariage serait facile avec elle, n'était le chagrin que son père en ressentirait.

A cette déclaration inattendue, qui fut bien étonné ? Le bon Martin. Il resta quelque temps confondu et pénétré du bonheur qui l'épouvantait. Mais enfin, d'une voix très émue il répondit :

— Pensez-vous donc, Mademoiselle Mariette, que je pourrais oublier la dette que j'ai contractée envers le général de Beaulieu, mon bienfaiteur, en lui dérobant le cœur de sa fille ? Je serais son père, avec plusieurs années par-dessus le marché. Non, non, à Dieu ne plaise que j'oublie ainsi tous mes devoirs ! Moindre est mon ambition, et cependant j'ai bien peur qu'elle ne soit encore au-dessus de mes espérances. Maintenant que j'ai de quoi vivre, avec un beau grade, il me semble que je pourrais obtenir la main d'une belle fille de Normandie, avenante et bonne, qui me permettrait de l'aimer et peut-être aussi de fonder une famille avec son aide et sa protection. Vous m'avez raconté plusieurs fois, Mariette, que du chef de votre père et de votre mère vous étiez propriétaire d'une ferme à dix lieues d'ici. Ajoutée à mes pensions, qui seront réglées avant peu, cette ferme est une fortune. Enfin, si vous êtes plus jeune que moi, je puis du moins, sans trahir les lois naturelles, solliciter une si belle union.

Il parlait encore; en ce moment parut Louise au bras de son père et, les voyant qui se tenaient par la main, Mme de Beaulieu comprit toutes les choses qu'ils venaient de se dire. Elle passa tour à tour d'une grande pâleur à l'incarnat de la pivoine, et pour cacher sa rougeur elle se jeta dans les bras de son père. Alors, prenant son courage à deux mains, le colonel Martin, tête nue et debout :

— Mon général, dit-il, avec la permission de sa jeune maîtresse, accordez-moi la main de Mlle Mariette. Elle ne m'a rien dit encore ; c'est la première fois que je lui parle mariage, et cependant je sais qu'elle ne me refusera pas d'unir sa destinée à celle d'un officier de fortune.

On eût pu voir en ce moment, sur le visage du général, un contentement qu'il ne cherchait pas à cacher.

— Qu'il soit fait ainsi que vous le désirez, mon cher camarade. Apprenez que je marie en même temps Mlle de Beaulieu avec son cousin le comte d'Escars, un des plus beaux noms de France, et j'en suis bien heureux.

Le mariage de Mariette et du colonel Martin fut un mariage à la hussarde. On y mit de part et d'autre un grand empressement. L'église et le régiment firent de leur mieux pour cette heureuse cérémonie. On eût dit que le ciel même avait voulu sa part dans ces justes noces. Depuis tantôt trois mois le soleil brûlait la plaine, et la terre, au désespoir, subissait nuit et jour des astres implacables. Les premières gouttes de la pluie, appelée à grand renfort de prières, tombèrent juste au moment où Mariette, au bras du général, touchait le seuil de Saint-Étienne. Alors la fiancée, avec un geste pieux, offrit son voile à la pluie et le consacra, tout mouillé, à la Vierge de la chapelle où fut béni son mariage. Oh ! la charmante offrande ! Il y avait encore à sa couronne de la salutaire rosée, et plus d'un parmi le peuple, aujourd'hui, vous racontera que cette couronne d'oranger offerte à la sainte Vierge a décidé du grand orage. Il grondait terrible et fulgurant, lorsque Mariette et son mari montèrent dans le chariot de leur fermier, pour se rendre à leur maison des champs. Comme ils longeaient la rue où le général les avait précédés, Louise apparut, tenant dans ses bras la petite Zémire et disant :

— Je ne veux pas séparer ces trois êtres, désormais inséparables. Adieu, ma bonne Mariette, embrassez-moi ; et vous, Monsieur le colonel, ayez grand soin de Zémire et de ma sœur de lait.

La pluie, en cet adieu, tombait à verse, et Louise en toute hâte rentra dans la maison paternelle. Mariette et son mari firent un beau voyage à travers ces plaines, par ces collines vivifiées et ranimées. L'écho redisait, joyeux, le bruit de ce tonnerre heurtant le nuage et le précipitant sur la maison à demi brûlée. A chaque pas se relevait la plante ; on entendait dans le sillon le bœuf aspirer de ses naseaux la fraîcheur de ces belles ondées. L'oiseau chantait son cantique à la Providence ; au-devant de l'orage accouraient tête nue le laboureur, le vigneron, le jardinier, rendant grâce à la saison clémente, et la joie universelle et l'orage allaient grandissant toujours. Le sol fécondé s'enivrait de la divine rosée ; on entendait déjà bruire entre ses rives rajeunies le ruisseau tari si longtemps. La bénédiction de là-haut s'unissait aux bénédictions d'ici-bas.

Mariette et son mari, silencieux et charmés, s'enivraient de ce grand miracle. Ils ne disaient rien, se disant tant de choses ; ils avaient oublié même Zémire. Elle perdit toute patience, et fit un appel à ses deux compagnons. Ils s'aperçurent alors qu'elle portait, en guise de collier, le bracelet favori de Mme de Beaulieu.

Comme ils gravissaient la dernière montagne et qu'ils approchaient de l'humble maison où leur destinée allait s'accomplir, soudain un grand corbeau, les ailes étendues, et partageant la joie universelle, entoura de trois grands cercles le char rustique.

— Il m'a semblé, disait Martin, reconnaître un ancien ami, don Corbeau? Le voilà bien content d'échapper à l'amitié de MM. du 3ᵉ lanciers...

En effet, c'était don Corbeau. Il chantait d'une voix rauque, à la nature entière, un cantique d'actions de grâces.

— Il est parti à notre droite, et c'est d'un bon présage, disait le colonel à sa jeune femme.

Ils arrivèrent enfin dans cet enclos voisin de la ferme.

— On y peut nourrir deux vaches et un petit cheval, disait Mariette.

A peine entrés chez eux, l'orage, qui s'était un peu calmé, recommença de plus belle, et les torrents desséchés se montrèrent plus limpides que jamais. Debout à sa fenêtre, et tout pénétré de bonheur, Martin contemplait ces glorieuses tempêtes, et s'abandonnait doublement au bonheur de la sécurité présente, à tous les bonheurs de l'avenir.

VERSAILLES

VERSAILLES

O miracle de l'histoire ! grandeur des souvenirs ! on aurait grand'peine à vous retrouver, aujourd'hui qu'il est consacré à toutes les gloires nationales, ce palais qui avait peine à contenir la gloire d'un seul homme. Eh bien, quels que soient l'intérêt et la majesté du palais changé en musée, il y a des esprits rebelles, et nous sommes du nombre, qui regrettent les tristesses, les douleurs, la pitié, le charme enfin de l'ancien château de Versailles dans ses beaux jours. Un abîme et, que dis-je? une suite imposante de révolutions séparent le Versailles d'aujourd'hui du Versailles de 1681. Que ces vastes demeures seraient étonnées si elles pouvaient se reporter par la pensée et par le souvenir à leurs premiers jours de grandeur, quand il n'y avait à cette place chargée de pierres et de marbres que des chênes séculaires ! Henri IV venait relancer le cerf, Louis XIII quittait les chênes de Saint-Germain pour les bois de Versailles, et quand la nuit le surprenait, le roi couchait dans un cabaret, sur la route.

Enfin, en 1660, le véritable enchanteur du palais de

Versailles, celui qui devait élever ces murailles et les peupler d'hôtes de génie, Louis XIV paraît. A sa voix cet immense chaos est remplacé par une magnificence pleine d'art et de goût. En vain la nature, et la disposition des lieux, et l'aridité du terrain semblent mettre autant d'obstacles invincibles aux volontés du jeune monarque; présidé par Louis XIV, un conseil d'hommes de génie se réunit pour édifier ces superbes demeures. Mansart élève les plafonds que Lebrun charge de chefs-d'œuvre; Le Nôtre dispose les jardins et répand dans ces terrains stériles des fleuves entiers, détournés de leur cours naturel par une armée de travailleurs; Girardon et le Puget peuplent ces rivages, ces bosquets, ces grottes humides, d'une armée de nymphes, de tritons, de satyres, de tous les dieux de la gracieuse mythologie; et quand enfin le palais fut bâti et digne du roi Louis XIV, Colbert, le grand Condé, tous les maîtres du dix-septième siècle en prirent possession comme de leur demeure naturelle, et avec eux tous les esprits de cette belle époque, les rois de la pensée et de la poésie. Et n'oublions pas d'autres puissances qui voyaient à leurs pieds les rois ainsi que les poètes : Henriette d'Angleterre et Mlle de La Vallière, Mme de Montespan et Mme de Maintenon.

Louis XIV, le roi de toutes les grâces et de toutes les élégances, le tout-puissant qui avait en lui-même le sentiment de toutes les grandeurs, avait fait de ce palais le seul asile qui fût digne de sa gloire, le seul abri de ses travaux et des sévères préoccupations de sa vieillesse empreinte de majesté, de tristesse et de résignation. Sa vie entière, sa florissante jeunesse, son âge mûr respecté, son déclin, derniers rayons du soleil, elle s'est écoulée dans ces murs. Eaux jaillissantes, marbres, bronzes, vieux orangers chargés de fleurs, vaste pelouse foulée par tant de rois, de reines, tant d'ambassadeurs, tant de saints évêques, tant de beautés profanes, royauté d'autrefois qui se peut suivre à la trace dans ces magnifiques jardins, il est impossible de vous saluer de sang-froid. Chaque pas que l'on fait dans ces sombres allées est un souvenir, chaque pas que l'on fait dans ce château funèbre est une élégie. En vain ces murs sont recouverts de toiles nouvelles ; en vain sont-ils chargés de bas-reliefs et d'emblèmes ; en vain toutes sortes de statues se tiennent debout dans ces galeries splendides... ; on respire en ces lieux magnifiques je ne sais quelle senteur de mort qui épouvante.

Voici la chambre auguste où devait mourir le grand roi ; le lit est orné de la draperie brodée à Saint-Cyr par Mme de Maintenon ; le portrait de *Madame,* « une des têtes de morts les plus touchantes de Bossuet, » sourit, comme autrefois, de ce sourire attristé par tant de malheurs. La balustrade où si peu de gens avaient le droit de pénétrer, la voilà fermée à jamais ; sur le prie-Dieu, une main pieuse a posé le livre de prières ; le précieux couvre-pieds, en deux morceaux, a été retrouvé, une moitié en Allemagne, et l'autre part en Italie. Les deux tableaux, de chaque côté du lit, représentent une *Sainte Famille* de Raphaël, une *Sainte Cécile* du Dominiquin ; le plafond peut compter parmi les miracles du grand Vénitien, Paul Véronèse ; l'empereur Napoléon lui-même, au plus beau moment de ses conquêtes, a rapporté cette toile superbe de la galerie du conseil des Dix. Les portraits, inestimable ornement de ces portes du palais du Soleil, sont dignes de Van Dyck, qui les a signés.

Si plus loin, encore ébloui de ces splendeurs, vous entr'ouvrez d'une main pieuse cette porte à demi cachée, aussitôt quelle retraite austère ! Là s'agenouillait Louis XIV aux pieds de son confesseur! Quelle vie bien remplie! quelle vieillesse abreuvée de chagrins! quelle mort ferme et chrétienne!

Dans cet autre appartement, qui a conservé je ne sais quel aspect funèbre malgré les peintures riantes, expira, non pas sans peines et surtout sans remords, le roi Louis XV.

C'est ainsi que, dans ce long voyage à travers les magnificences du vieux palais de Versailles, vous passez du triomphe à la défaite, de la royauté au néant. Ce roi si jeune et si brillant, adoré plus qu'un dieu, le même tout-puissant qui se promenait dans ces jardins magnifiques, au bruit de tant de jets d'eau qui se taisaient toutes les nuits, vous le verrez tout à l'heure étendu sur son lit de mort.

Vanité des vanités! vanité de la ruine et de la résurrection! Regardez! on dit que cette dévastation est l'*Œil-de-Bœuf*, l'Œil-de-Bœuf, cette antichambre à l'usage des plus humbles courtisans... Quelle solitude après tant de foule, et quel silence après tant de bruits! Où donc êtes-vous, rois du génie et de l'esprit français, Bossuet, Corneille, La Fontaine, Molière, Fénelon, Despréaux, Racine? Autant de rêves!

Nous voilà maintenant dans la chapelle, à l'heure où Bourdaloue et Massillon remplissaient ces voûtes dorées de leur voix éloquente. En vain vous chercheriez les orateurs et leur auditoire... Autant de fantômes. Le P. Bourdaloue ne viendra pas; Massillon ne viendra pas; le roi n'est plus même dans son cercueil de plomb des caveaux de Saint-Denis; Mme de Maintenon dort depuis plus d'un siècle du sommeil éternel. Chapelle inutile! et pourtant la revoilà tout entière. En ces murs silencieux brillent encore vingt-huit statues de pierre; le maître-autel est

La chambre du roi.

de marbre et de bronze, les murs sont chargés de bas-reliefs. La tribune a conservé ses vitraux; la voûte, à so sommet lumineux, porte encore la composition de Coypel. Ah! comme un seul homme du grand siècle remplirait ce silence, animerait ces solitudes ! comme on croirait alors à cette résurrection !

Qui voyait Versailles, autrefois, assistait à la vie entière de Louis XIV. De même qu'il disait : *L'État, c'est moi*, le maître souverain de tant de millions d'hommes aurait pu dire: Versailles, *c'est tout mon règne*. Or, c'est justement ce grand règne et ce grand roi que nous allons rechercher avec le zèle et le respect de sujet fidèle et d'honnête historien.

Le palais de Versailles, dans son ensemble et dans ses moindres détails, obéissait à des règles tracées à l'avance, qu'il était impossible de franchir. Chaque homme ici présent, — et chaque dame, — avait son droit et son devoir.

Tous les pas étaient comptés ; chaque place était indiquée ; il y avait les grandes et les petites entrées, les privances, les capitaineries, la domesticité, les *services* et les *honneurs*.

Il ne fallait pas confondre le domestique et l'officier, les grandes charges de la couronne avec les emplois militaires, la chambre avec le cabinet, les grands appartements et les petits appartements, la grande écurie et la petite écurie, les chiens du grand veneur avec les chiens du cabinet. L'aumônerie avait ses lois et la chapelle avait les siennes. Il y avait le conseil royal des finances et le conseil des dépêches.

Le *tabouret*, le *carreau*, le *tapis*, le *fauteuil*, le *pliant*, la *chaise longue*, représentaient un chapitre à part. C'était une grande question de savoir si *Monsieur*, en reconduisant *Mademoiselle* sa fille, après le mariage, irait à droite ou prendrait à gauche. Les dames d'honneur et les demoiselles d'honneur n'avaient pas les mêmes privilèges. La question du carrosse! il fallait avoir fait certaines preuves de noblesse pour monter dans les carrosses du roi. Il y avait le *grand coucher*, le *petit coucher*, où le roi faisait donner le bougeoir à qui lui plaisait; le grand lever et le petit lever, et si le roi se levait de mauvaise humeur, tant pis pour le capitaine des gardes qui avait l'honneur d'ouvrir les rideaux.

La maison militaire du roi était une grosse affaire. Brevet pour toute chose: il y avait même des *justaucorps à brevet*.

Mᵐᵉ la Dauphine, au commencement de chaque bal, nommait les cavaliers qui devaient conduire les princesses. Le carrousel même avait ses juges du camp, ses chefs de quadrille et ses livrées désignées: or et vert, noir et or, orange et ponceau, tant de trompettes et de timbaliers, et tant d'aubades.

Quand le doge arriva à Versailles, où *ce qui l'étonna le plus, c'était de s'y voir*, le cérémonial était réglé à l'avance: il devait entrer par telle porte; il devait avoir un maréchal de France à sa gauche, et tant de sénateurs génois à sa suite. Il devait être aussi reconduit par les princes et les princesses, mais les princesses du sang restèrent sur leur lit, pour ne pas avoir à le reconduire. Partout des cérémonies: cérémonie à Versailles, à Trianon, à la Ménagerie, au dîner du roi, à la collation; cérémonie pour les fontaines du jardin. Un grand honneur, c'était de donner au roi sa chemise, et le roi lui-même donnait la chemise aux princes du sang, le soir de leur mariage.

Chaque cour avait son nom : la cour de la chapelle, la

cour du balcon. Cérémonies à Marly. Le roi voulait qu'on lui demandât une invitation pour Marly ; on saluait jusqu'à terre en disant : « Marly, Sire. » Heureux les invités ! mais le refus même était accompagné d'un sourire.

Celui-là eût été perdu de réputation qui, parmi les divers officiers du roi, n'eût pas distingué le premier gentilhomme de la chambre du grand chambellan, le premier écuyer du chevalier d'honneur, les menins des gardes de la manche. Même aux sceaux, il y avait la cire verte pour les arrêts, la jaune pour les expéditions courantes, et la rouge pour la Provence et le Dauphiné. La cire blanche était réservée à l'ordre du Saint-Esprit, qui avait son chancelier à part. Le grand deuil était en noir. Une princesse, en dînant avec Mme la Dauphine, témoigna un jour quelque chagrin de ce que Mme de Biron n'eût pas baisé le bas de sa robe... ; il fut décidé que la princesse avait tort. Premier carrosse et second carrosse, où chaque dame avait sa place désignée.

Il y avait un cérémonial pour les premières audiences des nonces du pape et des ambassadeurs des têtes couronnées. Quand le roi admettait un cardinal à sa table, il le faisait asseoir sur un pliant et servir par le contrôleur général de sa maison. Ce n'était pas le même honneur d'être introduit par le grand maître des cérémonies et par l'introducteur des ambassadeurs. Le roi, buvant à la santé du pape, ôtait son chapeau et se levait de son siège. Le pape n'écrit jamais le premier à personne, et les princes qui n'ont pas encore écrit à Sa Sainteté, le nonce ne leur doit pas de visite.

On ferait un gros tome avec la seule charge de capitaine des gardes du corps du roi. C'était une question considérable, en ce temps-là, de savoir si le roi allant dîner à la maison de ville, la femme du prévôt des marchands aurait l'honneur de dîner avec Sa Majesté. Le roi décida qu'elle dînerait à sa table, et la pauvre femme en mourut de joie. Il y avait un capitaine des becs-de-corbin, qui tenait à son emploi tout autant que le premier gentilhomme de la chambre. Il y avait le confesseur du roi, qui tenait une place immense en ce château de Versailles. La préséance et l'ancienneté, pour être reconnues, exigeaient des lettres patentes. Quand la question était en doute et qu'il fallait la décider tout de suite, on écrivait dans les registres : *A la prière du roi.* Si nous voulions réunir dans un seul exemple les difficultés de cette préséance qui tenaient la cour attentive, il nous suffirait de relater la réception de M. le duc du Maine au Parlement de Paris. Quand il fut en âge d'être établi, et même un peu plus tôt, les ducs et les pairs s'inquiétèrent fort du rang qu'il allait prendre, et voici ce qui fut décidé après maintes délibérations :

« M. le duc du Maine, au Parlement, *aura beaucoup des traitements qu'on fait aux princes du sang;* mais, en beaucoup de choses aussi, il ne sera traité *que comme pair,* car il prêtera le serment ordinaire ; *il ne passera point dans le parquet,* et le premier président, en lui demandant son avis, le traitera de comte d'Eu ; on ne nomme les princes du sang par aucune qualité ; les traitements de prince du sang qu'on lui fera seront que le premier président le haranguera au nom du Parlement, *qu'il lui ôtera son chapeau* en lui demandant son avis. M. du Maine, avant d'être reçu, ira voir le premier président, tous les présidents à mortier, les avocats généraux, le procureur général, le doyen du Parlement et le rapporteur ; *mais il les fera avertir* avant que d'y aller ; il n'ira voir aucun des ducs. »

La mort de Mme la Dauphine, au milieu de cette grande

La pièce d'eau du miroir.

et sincère douleur, est entourée à tel point de cérémonies funèbres, qu'on la peut citer comme un exemple de l'étiquette consacrée à la cour. Mme la Dauphine, après avoir essayé des remèdes de tous les charlatans, expire après une agonie de sept heures et demie, et le roi lui ferme les yeux. Puis on la transporte de son petit lit dans le grand lit d'honneur, et, la dame d'atour ayant réclamé le droit de donner la chemise à la défunte, le roi décide qu'il en doit être ainsi :

« Le roi a réglé qu'on rende les mêmes honneurs à Mme la Dauphine qu'à la feue reine ; il n'en prendra point le deuil, parce que c'étoit sa belle-fille, *et qu'un père ne porte point le deuil de ses enfants* ; elle étoit sa parente par beaucoup d'endroits ; mais la qualité de fille efface toutes les autres parentés. Comme le roi ne prend pas le deuil, *les princes étrangers et les officiers de la couronne ne feront point draper*, il n'y aura que les princes du sang *et les domestiques*. Les dames ont commencé à garder le corps de Mme la Dauphine aujourd'hui à neuf heures du matin, et elles se relèvent d'heure en heure ; il y en a quatre auprès d'elle ; il y a toujours auprès du corps les aumôniers, les pères de la Mission, les récollets de Versailles et les feuillants de Paris, qui ont le droit d'assister ; le clergé est à la droite du lit ; on a mis deux autels dans sa chambre, où on a commencé à dire la messe dès le point du jour. Sur les sept heures du soir, vingt-quatre heures après la mort, on fit l'ouverture du corps, la dame d'honneur et la dame d'atour étant présentes. Quand le chevalier d'honneur, la dame d'honneur, la dame d'atour, les duchesses, les maréchales de France viennent pour donner de l'eau bénite, *les hérauts d'armes leur donnent des carreaux*, la femme du chevalier d'honneur en a aussi. Mme la Dauphine *a eu le visage dé-*

couvert jusqu'à ce qu'on l'ait ouverte, *et on a fait une faute :* c'est que pendant ce temps-là les dames qui n'ont pas droit d'être assises devant elle pendant sa vie, ont été devant son corps à visage découvert, *ce qui ne devoit pas être.*

« Jusqu'ici les dames ont été garder le corps de Mᵐᵉ la Dauphine sans être nommées par le grand maître des cérémonies, *ce qui est contre l'étiquette.* »

Tout est réglé, tout est compté. On ne tendra pas la porte de l'avant-cour, parce que l'on ne tend que pour le maître ou la maîtresse de la maison. Tant de chandeliers, tant de fauteuils, tant d'évêques ; tant d'intervalle entre le duc d'Anjou et le duc de Berri, entre la grande-duchesse et Mᵐᵉ de Guise. A M. de Meaux, à Bossuet, appartient l'honneur de donner le goupillon à toute la famille royale ; mais c'est l'aumônier de quartier qui le donne aux princes et princesses. Ceci fait, l'aumônier de quartier remet le goupillon au héraut d'armes, et le héraut d'armes le donne à son tour aux ducs et pairs.

Tout ceci est de la pure étiquette ; mais faites éloigner un instant le maître des cérémonies, le second maître, les dames d'atour, les dames d'honneur, faites entrer Bossuet, le maître de l'éloquence et l'un des Pères de l'Église française, et confiez à ses mains tremblantes d'une indicible émotion le cœur de l'illustre princesse : aussitôt nous ne voyons plus que le grand spectacle d'une immense douleur. Peu nous importe en ce moment que l'évêque de Meaux soit accompagné de la vieille princesse et de la jeune princesse de Conti, que la dame d'honneur et la dame d'atour occupent les deux portières, et que ce carrosse plein de deuil ait un cortège de trente-six gardes à cheval portant des flambeaux, sans compter les pages, les valets de pied et les laquais de la princesse expirée ; il nous semble, à cette heure de minuit, que nous voyons entrer sous les voûtes du Val-de-Grâce, où l'attendent l'abbesse et les religieuses, ce noble cœur qui ne bat plus. Quelles ont été, en ce moment, les paroles de l'illustre orateur? quelles ont été ses prières sur cet autel improvisé où il déposa le cœur de Mⁿᵉ la Dauphine? Ici, la plus simple expression est la meilleure, et l'étiquette même a son éloquence :

« Les princesses étoient dans les bancs hauts, les dames d'honneur et d'atour étoient dans les bancs bas, le chevalier d'honneur à la droite, et le premier écuyer à la gauche, auprès de la représentation. Après les prières et les encensements, M. de Meaux reprit le cœur et on marcha processionnellement jusqu'à la chapelle Sainte-Anne, dans le même ordre où l'on étoit venu. On y trouva une autre représentation, sous laquelle sont des tiroirs dans lesquels on a mis les cœurs des reines et des enfants de France, chacun avec des couronnes en haut, selon son rang, et non selon le temps de sa mort. Là, on recommença les prières, les encensements, et à donner de l'eau bénite, et puis on ressortit en passant par les mêmes lieux. »

Voilà pour les deuils de la cour. Tous ceux qui viendront plus tard subiront les mêmes règlements. On n'y peut rien changer. La grande et l'éternelle différence est celle-ci : l'oraison funèbre prononcée par Bossuet ! C'est celui-là qui donne l'immortalité. Toutes les grandeurs qu'il n'aura pas signalées ne seront que des grandeurs passagères. Versailles peut tomber et tombera, la parole de Bossuet, éternellement vivante, ira d'âge en âge et grandissant toujours.

Mais quoi ! nous ne faisons pas ici l'histoire du roi

Louis XIV ; c'est l'histoire même du palais de Versailles. Nous n'en voulons pas sortir ; nous y resterons jusqu'à la fin, avec la chronique et les chroniqueurs. Nous ramassons çà et là les causeries de Marly et de Trianon, du grand lever et du petit lever.

Si le roi se porte bien, tout le palais est en fête : grande chasse au matin, grand jeu le soir, des masques, des loteries, des musiques tant qu'on en veut. Le roi distribue au hasard des lots d'or et d'argent ; les joueurs, vêtus en comédiens italiens, tiennent le jeu du roi et de Mme de Montespan, qui perd souvent mille louis sur une carte.

Marly est tout semblable à un bal masqué ; les princesses, mêlées aux comédiens, dansent les intermèdes du *Bourgeois gentilhomme*. Dans les boutiques, tenues par les duchesses, sont exposés les plus belles étoffes, le plus beau linge et les plus agréables pierreries qui se puissent voir. On joue à tout gagner, à ne rien perdre.

Après le jeu, la comédie ; après la comédie, le souper. A la fête des rois, l'empressement redouble avec la dépense :

« Le soir, à huit heures, le roi entra dans son grand appartement avec beaucoup de dames. Monseigneur et Mme la Dauphine étoient à la comédie, qu'ils avoient fait commencer de bonne heure, et vinrent ensuite trouver le roi. Avant souper, on joua à toutes sortes de jeux ; puis on servit cinq tables pour les dames, qui furent tenues par le roi, par Monseigneur et par Mme la Dauphine, par Monsieur et par Madame ; et, outre cela, il y eut dans le billard une grande table pour les seigneurs. Le repas se passa fort gaiement ; on fit des rois à toutes les tables ; il y avoit musique dans les deux tribunes de la salle où l'on mangea ; il y avoit soixante-dix dames, outre les cinq personnes qui tiennent les tables ; et cependant il y en eut encore à Versailles qui ne furent point priées. Un peu après que M᷉ᵉ la Dauphine fut arrivée, le roi lui dit, on lui montrant un grand coffre de la Chine qui étoit demeuré là avec plusieurs habillements de la dernière loterie qu'il avoit faite, qu'il la prioit de se donner la peine de l'ouvrir. Elle y trouva d'abord des étoffes magnifiques, puis un coffre nouveau dans lequel il y avoit force rubans, et puis un autre où il y avoit de fort belles cornettes ; et enfin, après avoir trouvé sept ou huit coffres ou paniers différents, tous plus jolis les uns que les autres, elle ouvrit le dernier, qui étoit un coffre de pierreries fort jolies, et dedans il y avoit un bracelet de perles, et dans un secret au milieu du coffre un coulant de diamants et une croix de diamants-brillants magnifiques. M᷉ᵉ la Dauphine distribua les rubans, les manchons et les tabliers aux demoiselles qui l'avoient suivie. »

Une autre fois, à peine arrivé à Marly, le roi, qui était de très bonne humeur, mena les dames dans son appartement, où il avait « un cabinet magnifique, avec trente tiroirs pleins chacun d'un bijou d'or et de diamant. Il fit jouer toutes les dames à la rafle, et chacune eut son lot. Le cabinet vide fut pour la trente et unième dame. Dans chaque lot il y avoit un secret, et dans chaque secret des pierreries qui augmentoient fort la valeur du lot. Il n'y a pas eu une dame qui n'ait été très contente de ces chiffonneries. Il y en avoit pour quatre mille pistoles. »

Au mois de juin 1688, le soleil étant très chaud et les bains très courus, M᷉ᵉ de Maintenon donnait à M᷉ᵉ de Chevreuse un équipage de bain, tout entier de point d'Alençon et des plus magnifiques. Le même soir, on entendit un petit concert de très jolis airs, composés par M᷉ᵉ la Dauphine sur des paroles de Fontenelle. Il se glisse habilement dans tous ces lieux de plaisirs, M. de Fontenelle. Il se fait humble et caché avec autant de soin que les autres poètes en prennent pour se faire voir. On louerait vraiment sa modestie, si l'on y pouvait croire. Il mènera pendant cent ans cette heureuse vie, et M. le régent d'Orléans lui commandera, plus tard, une déclaration de guerre contre les Anglais.

Notez bien que la musique était partout, dans Versailles, à Marly. Les *petits violons du roi,* comme on disait alors, représentaient tout un orchestre. Il y avait parmi ces petits violons des trompettes, des clairons et des tambours ; ils faisaient danser les danseuses du grand appartement ; ils accompagnaient les princesses dans les caveaux de Saint-Denis. Quand on buvait à la santé du roi, les petits violons chantaient en musique : *Vive le roi!* au bruit des orgues, des trompettes et des timbales. Que de *Te Deum* ils ont célébrés, et combien de *De profundis!*

Manger avec le roi était le plus grand honneur que Sa Majesté pût faire à l'un de ses sujets. Quand M. de Vauban eut élevé cette formidable ligne de défenses sur nos frontières du Nord, quand il eut renversé tant de villes ennemies, le roi lui donna cent mille francs, et le pria à dîner. Jamais M. de Vauban n'avait eu l'honneur de manger avec le roi ; c'est pourquoi vous ne croirez pas un mot de cette étrange histoire de Louis XIV invitant Molière à déjeuner.

Quant aux sujets des causeries de Versailles, ils sont innombrables. Tous les bruits de la ville arrivent aux oreilles de la cour. Chacun de ces salons habités par les dames, jusque sous les combles du palais, répète en véritable écho les actions les plus fabuleuses, les anecdotes les moins croyables. Surtout les morts de chaque jour tiennent une grande place en ces menus propos :

Le comte de Bussy-Rabutin est mort dans ses terres,

en Bourgogne. Il était en pleine disgrâce, et pas un des courtisans ne songe à reconnaître en cet homme, insolent avec les petits, prosterné devant les grands, un véritable écrivain.

M₀ˢ de Brégi, femme de chambre de la reine mère, a fait une restitution de deux cent cinquante mille livres à Monsieur, qui n'a pas été fâché de cette heureuse aubaine.

Mᵐᵉ de la Sablière, à qui nous devons de charmantes poésies, est morte aux Incurables, en vrai poète.

Écoutez cependant la fameuse dispute entre le grand maître de la garde-robe et le maître de la garde-robe qui va entrer en année : M. de La Rochefoucault prétend que M. de Souvray lui doit porter chez lui les robes de chambre qu'on a faites pour le roi, et M. de Souvray prétend que le maître de la garde-robe n'est point obligé de rendre ce devoir-là au grand maître de la garde-robe.

Le chevalier de Forbin est arrivé ce matin au lever du roi, avec le fameux Jean-Bart. Prisonniers de guerre en Angleterre, ils se sont échappés de leur prison. Le roi les a faits capitaines et leur a donné de l'argent. L'argent du roi, en ce temps-là, était un grand honneur, et les plus grands seigneurs tendaient la main volontiers et publiquement.

M. le Dauphin ayant commandé vingt-cinq justaucorps magnifiques pour la chasse du loup, les courtisans qu'il oublia dans sa distribution furent au désespoir. Qu'on ne s'étonne plus, après cela, de Mᵐᵉ Geoffrin donnant des culottes de velours aux beaux esprits de son salon.

Pendant que l'on causait à perte de vue pour savoir si le capitaine des gardes avait, oui ou non, le droit de prêter serment l'épée au côté, à peine si l'on accordait une ou deux minutes d'attention à la mort de la reine de

Suède, la fameuse Christine, morte à Rome, à l'âge de soixante-cinq ans, dans la plus grande solitude, et dans un silence voisin du mépris.

Ce grand musicien, le bouffon de Versailles, qui faisait rire aux éclats le grand roi dans ses plus mauvais jours, Baptiste Lully, est mort ; on a trouvé chez lui trente-sept mille louis d'or, vingt mille écus en espèces, et beaucoup d'autres biens. Le privilège de l'Opéra a été laissé à sa femme et à ses enfants.

M. Dacier, que sa savante femme a rendu célèbre, obtient à peine une mention honorable dans les discours de Versailles

Quinault lui-même, un des grands amuseurs de ces beaux lieux, celui qui présidait, avec Corneille et Molière, aux *fêtes de l'Ile enchantée*, à l'inauguration de Versailles, il est mort, repentant de toutes ses belles comédies.

A son tour, Lebrun, le peintre fameux à qui la grande galerie de Versailles devait son plus riche ornement, il disparaît de la scène du monde, et le roi n'a pas un mot pour son peintre ordinaire.

Mais l'étonnement redouble à la mort de M*** la duchesse de Schomberg. Peu de gens se souviennent, dans ces domaines de l'oubli, que cette aimable duchesse de Schomberg avait été le chaste amour de Louis XIII ; qu'elle pouvait jouer un grand rôle à la cour d'un roi si timide, et qu'elle s'en était effacée, heureuse de sauver sa bonne renommée, et de ne pas laisser un remords à ce jeune roi qui l'aimait. Pourtant, la cour entière était partagée, au moment de la mort de M*** de Schomberg, entre M*** de Montespan déclinante et M*** de Maintenon qui grandit chaque jour.

Au dernier Marly, M*** de Montespan, se voyant seule, avec un triste sourire, disait au roi : Me voilà pourtant réduite à divertir l'antichambre ! » et des larmes soudaines envahirent ses grands yeux pleins d'éclairs.

Chaque jour, comme on voit, amenait sa curiosité, grande ou frivole.

Aujourd'hui, Despréaux prononce un discours à l'Académie, et le roi lui sait bon gré de ses belles paroles.

Huit jours après, le roi est à Chambord avec Molière, chargé du *divertissement*. On vient dire au roi que le *bonhomme* Corneille est mort la veille, et le roi qui le laissait mourir de faim, ne s'inquiète guère du poëte, impérissable honneur du grand siècle.

Le même jour, disparaît le *bonhomme* Mignard, presque centenaire. Il était premier peintre du roi. Toutes les gloires et toutes les beautés du siècle de Louis le Grand avaient posé devant l'infatigable artiste. — On perdit, le même soir, M. Nicole, un des grands écrivains de Port-Royal, le digne ami de M. Arnauld. Vous trouverez dans toutes les lettres de Mme de Sévigné le nom austère et charmant de M. Nicole. A toutes les grâces d'un écrivain très élevé, il unissait l'accent même et la foi d'un chrétien. Très bonhomme, il disait un jour à M. Arnauld, qui lui proposait un grand travail :

— Mais enfin, Monsieur, je voudrais bien me reposer avant de mourir !...

— Y pensez-vous, Monsieur, s'écriait M. Arnauld, vous avez toute l'éternité pour vous reposer !

Courageuse et fière parole ! Ces noms-là ne plaisaient guère aux oreilles du roi ; les meilleurs esprits de sa cour s'entretenaient tout bas des vertus de Port-Royal.

Mais voici bien une autre mort, et celle-là irréparable. On apprenait, le jeudi 26 avril 1696, que Mme la marquise de Sévigné venait de mourir dans le château de Grignan, sans que pas un, autour d'elle, et sa fille elle-même, eût prévu cette fin subite d'une si belle vie. On peut dire avec assurance que M³ la marquise de Sévigné, non moins que M³³ de Montespan et M³³ de Maintenon, tient sa place au premier rang des intelligences à qui la langue française est redevable de la plus grande part de son charme et de sa clarté. Pas un écrivain plus que M³³ de Sévigné n'a parlé dignement du château de Versailles. Elle en savait toutes les grandeurs, elle en disait toutes les gloires, et le roi, qui la connaissait bien, ne manquait pas d'aller au-devant d'elle et de lui offrir son bras pour la conduire au milieu de ces enchantements. Élégante et charmante en sa vie, elle fut résignée et simple dans sa mort : « Ma fille, écrivait-elle peu de temps avant l'heure fatale, j'ai bien vécu ; Dieu me prendra dans sa grâce, je l'espère, et, quant à ma fortune, je mourrai sans dettes et sans argent comptant : c'est toute l'ambition d'une chrétienne. »

En ce moment apparaît à cette cour, dont elle fut la joie et le deuil, la princesse de Bourgogne, le dernier printemps de la cour de France.

Un grand esprit en latin (le latin tenait encore à la langue universelle), appelé Santeuil, remplissait la ville et la cour de ses vives saillies. Il n'était pas fou, il était bizarre. Un brin de génie et l'amitié de Despréaux, sans oublier la protection de Bossuet, voilà Santeuil. Ses belles hymnes, toutes remplies de l'inspiration de l'ode antique, adoptées par toute l'Église de France, étaient chantées dans les grands jours, et lui-même il s'enivrait de sa propre inspiration. Mais ce bonhomme (et voilà cette fois le mot juste) se plaisait un peu trop à la suite des grands seigneurs. Comme il dînait à la table de M. le prince de Condé et que chacun se plaisait à l'entendre, le prince eut l'idée abominable de jeter dans le verre de Santeuil

La chapelle de Versailles.

une poignée de tabac d'Espagne, et le malheureux expira dans les convulsions les plus atroces. C'est au souvenir de cette catastrophe impunie que le grand justicier de ce siècle, La Bruyère, écrivit plus tard : *Ce que j'envie aux plus grands seigneurs, c'est qu'ils sont servis par des hommes qui valent mieux qu'eux.* C'est bien le même homme qui s'indignait en voyant *les comédiens en carrosse éclabousser Corneille à pied.*

Cependant nos armes sont malheureuses. Nos meilleurs généraux se laissent battre. En vain nous nous prosternons devant la reine et le roi d'Angleterre, hôtes passagers du château de Saint-Germain, la nécessité nous force enfin de saluer la majesté du roi Guillaume et d'implorer la paix du même prince que le roi ne voulait pas reconnaître. Il est vrai que, la paix conclue, ordre fut donné aux musiciens de la chapelle de ne rien chanter qui pût chagriner les hôtes de Saint-Germain. M. Dangeau, l'historien des jours heureux et des jours sombres, quand à peine il inscrit dans ses pages le nom de Guillaume d'Orange et de la reine Marie, aussitôt qu'un rayon se lève et resplendit du côté de l'Espagne, a grand soin de raconter par quel miracle et soudain *il n'y a plus de Pyrénées.* L'historien entre alors dans les moindres détails du duc d'Anjou devenu roi d'Espagne ; les fêtes, les plaisirs, les comédies, le grand appartement, la duchesse et le duc de Bourgogne représentant devant les deux rois (les trois rois, en comptant celui d'Angleterre) *les Plaideurs* de Racine. Un instant maltraités au Théâtre-Français, *les Plaideurs* s'étaient relevés à Versailles, la cour ayant cassé l'arrêt de la ville, et maintenant les acteurs de cette heureuse pièce, outre le duc et la duchesse de Bourgogne, n'étaient rien moins que la duchesse de Guiche, Mme d'Heudicourt, la comtesse d'Ayen, Mṑṑ d'O et de Mongon, et Mṅ de Normanville.

Racine, hélas! n'eut pas l'honneur de cette représentation royale. Il se mourait, à l'heure même où *les Plaideurs* remplissaient l'appartement de leurs gaietés. Racine était pis que malade, il était en disgrâce pour avoir écrit en faveur des pauvres gens un mémoire que Mṅ de Maintenon lui avait commandé. Quand il fut mort, le premier vœu de son testament fut d'être enterré à Port-Royal, *ce qu'il n'eût pas osé faire de son vivant*, disaient MM. les courtisans, qui riaient de tout. Le roi, cependant, le regretta, et donna une pension de deux mille livres pour sa veuve et ses enfants. Il avait pleuré Molière un peu moins que Racine, et s'était à peine inquiété de ses funérailles.

Sur la même page on lit (car tous les mortels sont égaux à Versailles) : M. Soupir, capitaine aux gardes, est mort pour s'être fait couper un cor au pied. — La reine de Portugal est morte pour s'être fait percer les oreilles. — Le général des carmes a salué le roi, conduit par M. de Saintot, introducteur des ambassadeurs. — Le roi de Maroc a demandé en mariage Mṅ la princesse de Conti. Notons ici une fête, un *masque* à Marly, dans les jours gras de 1700 :

« Mṅ la duchesse de Bourgogne soupa chez Mṅ de Maintenon avec les dames qui devoient se masquer avec elles ; ces dames étoient les duchesses de Sully et de Villeroy, la comtesse d'Ayen, Mṅṅ de Melun et de Bournonville ; elles étoient habillées en Flore, et la mascarade étoit fort magnifique. Mṅ de Saint-Génié, qui entend fort bien cela, avoit eu soin de toute la parure de Mṅ la duchesse de Bourgogne, et la coiffa elle-même. Dès que le roi fut hors de son souper, il entra dans le salon ;

Mᵐᵉ la duchesse de Bourgogne y entra avec toute sa troupe ; Mᵐᵉ la duchesse de Chartres et Mᵐᵉ la Duchesse s'étoient masquées de leur côté avec plusieurs dames, et Mᵐᵉ la princesse de Conti s'étoit masquée avec Mᵐᵉˢ de Villequier et de Châtillon ; les dames masquées avec Mᵐᵉ la duchesse de Chartres et Mᵐᵉ la Duchesse étoient les duchesses de Saint-Simon et de Lauzun, Mˡˡᵉ d'Armagnac, Mᵐᵉ de Souvray et Mˡˡᵉ de Tourbes. Quand toutes les troupes de masques furent placées, le roi dit au petit Bontems de faire entrer une mascarade qu'il avoit préparée : c'étoit la reine des Amazones, avec des instruments de guerre ; cela fut mêlé d'entrées de voltigeurs, de faiseurs d'armes, d'entrées de ballet que dansoient Balan et Dumoulin, et tout cela entremêlé de chansons par les filles de la musique et les meilleurs musiciens du roi. On fit ensuite sortir cette dernière mascarade, et l'on commença le bal, qui dura jusqu'à deux heures, et où le roi fut toujours. »

Nous avons vu comment on s'amusait à la cour. A Paris, les jeunes gens, impatients d'un nouveau règne, couraient la rue avec des brandons de paille, et mettaient le feu aux enseignes. Chez Mᵐᵉ de Maintenon, le roi chantait avec les dames ; il enseignait au jeune duc d'Anjou tout le détail d'une couronne à porter. L'éducation du roi d'Espagne a duré plus d'une année, et quand il fallut que le nouveau roi s'en fût prendre enfin possession de son royaume, il y eut bien des larmes versées de part et d'autre. Huit jours après, reparaissaient les danses aux chansons, mais c'est en vain que les fêtes anciennes remplissaient de leurs mille bruits ces échos attristés par tant de funérailles. La mort est proche ; elle abat sans pitié les têtes les plus hautes. Elle menace, elle frappe, elle est sans respect. Elle s'attaque au Dauphin, au duc d'Or-

Jéans, le vieux frère de ce roi qui vieillit. Elle trouve, oublié dans son coin, le roi Jacques, et va l'enfouir chez les Bénédictins anglais, réfugiés dans un faubourg de Paris. Qui l'eût jamais cru? M. Fagon, premier médecin du roi, est considérablement malade; il meurt... le roi va courre le cerf à Marly. Ce docteur Fagon est toute une figure; il a joué dans la santé du roi le plus grand rôle. Il tenait un registre exact du moindre accident de la chambre et de la garde-robe du roi. Ne riez pas! tout ce qui touche à Sa Majesté Louis XIV est très sérieux.

Pour peu que l'on ait assisté aux comédies écrites par les contemporains de Molière et par Molière en personne, on comprendra que ces détails d'alcôve ne déplaisaient pas à Louis XIV bien portant. Au contraire, il riait volontiers de son médecin inutile, et prenait sa part des rires de don Juan, quand le damné disait: « Un médecin est un homme que l'on paye pour conter des fariboles dans la chambre d'un malade, jusqu'à l'heure où le malade est emporté par le remède, s'il n'est pas tué par le médecin. » Ce siècle, heureux entre tous, n'a pas manqué de médecins célèbres: Valot, Brayer, Desfougerais, Guénaut, le médecin du cardinal Mazarin, dont il est parlé dans la *Satire* de Despréaux:

Guénaut, sur son cheval, en passant m'éclabousse...

Un jour qu'il traversait les halles, une dame de l'endroit s'écriait: *Faisons place, mes commères, à celui qui nous a délivrés du Mazarin.* En dépit de ces moqueries populaires, la charge de médecin du roi était une charge importante. Il marchait au premier rang des grands officiers de la maison royale; il prêtait serment entre les mains du roi; il n'obéissait qu'au roi; il avait droit à tous les privilèges et honneurs du grand chambellan. On l'appelait : *Monsieur le comte ;* il portait une couronne de comte dans ses armes, et la transmettait à ses enfants. Conseiller d'État, il en avait le costume ; il intervenait dans toutes les causes de la profession. Le médecin du roi eut l'honneur de défendre au Parlement l'émétique et la circulation du sang.

Et de même que le jeune roi fut un des premiers à se purger avec l'émétique, un des premiers il essaya le quinquina, et, s'en étant bien trouvé, il en acheta le secret d'un empirique anglais, nommé Talbot, moyennant quarante-huit mille livres, deux mille francs de pension viagère et le titre de chevalier. C'était payer royalement, et, le remède acheté, le prince en fit présent à son peuple, avec l'approbation de la Faculté de Paris et de la Faculté de Montpellier.

Rabelais, docteur de la Faculté de Montpellier !

Donc, il y avait à Versailles, dans la chambre du roi, un grand-livre aux armes royales, écrit en partie double et jour par jour, et de la main du premier médecin, lequel livre était intitulé : *Journal de la santé du roi*. De tous les livres qui s'écrivaient au dix-septième siècle (et Dieu sait que les chefs-d'œuvre ne manquaient pas !), ce *Journal de la santé du roi* est, sans contredit, le plus considérable et d'un intérêt tout-puissant. C'est surtout dans ces pages inattendues en pareille histoire que vous trouverez, en dépit de Molière, un témoignage authentique en l'honneur de ces médecins, tant moqués quand le roi était jeune. A chaque instant, à chaque ligne de ce grand-livre, on frémit en songeant à l'état où serait le roi de France s'il était exposé aux malédictions de M. Purgon :
« Je vous abandonne à votre mauvaise constitution, à l'intempérie de vos entrailles, à la corruption de votre

sang, à l'âcreté de votre bile, à la féculence de vos humeurs ! »

Ah ! que ce roi Louis XIV, illustre entre tous les rois de France, une si grande image, un si beau type, un prince avec toutes les apparences des héros, le regard de l'aigle et la démarche auguste de Jupiter tonnant, si vous quittez la grande histoire et la représentation quotidienne de cette illustre majesté, pour pénétrer dans les secrets de sa garde-robe, était bien le digne fils de ce roi Louis XIII, à qui son médecin, le docteur Bouvard, infligea en une seule année deux cent quinze médecines, deux cent douze lavements et quarante-sept saignées ! Il est rempli, ce grand-livre pharmaceutique, de toutes sortes de fameux chapitres : *Potions pour le roi ; emplâtres pour le roi ; lavements pour le roi*. A ce mot : *lavement*, on s'étonne ; il nous semblait que l'Académie, interrogée à ce sujet par le docteur Fagon, avait répondu qu'il fallait dire : *un remède !* « Sire, le remède de Votre Majesté ! » Or, c'était l'usage à la cour : la chaise du roi, les jours ordinaires, était portée par les pages de sa chambre ; aux jours de médecine, elle était portée par MM. les gentilshommes. Il n'y avait donc pas à s'en dédire et rien à cacher, et la cour entière savait, le même soir, le résultat de toutes ces formules :

Recipe : Olei amygdalium dulcium ʒj.
Mellis violacei ℥ß.
Electuarii lenitivi ℥?.

Dissolve in decocto hordei. — Fac clister. injiciend. hodie mane.

Singulière façon de vivre, et bien triste ! A chaque instant, ce roi gourmand, glouton, morose, et sujet, de bonne heure, à de légères congestions cérébrales, est

La salle de spectacle de Versailles.

purgé ou saigné de main de maître. A vingt ans déjà commençait cette inquisition de tous les jours : « Le roi a trop dansé ! le roi a trop mangé ! le roi a bu trop d'eau glacée ! » Et le sirop de chicorée, et le séné, et la rhubarbe, et le tamarin, et les juleps d'entrer en danse. Longtemps sa bonne constitution résiste et se défend contre la pharmacie et la médecine. « Mais enfin, vous dira le docteur Fagon, après avoir bien attendu, je fus obligé d'en venir aux remèdes, commençant par la saignée et la purgation, et, en suite de ces deux remèdes, j'ai ordonné les spécifiques, comme les opiats de conserve de fleurs de pivoine, roses rouges, magister de perles, corail et le diaphorétique ; ensuite, je me suis servi des préparations les plus exquises de mars, tantôt en opiats, d'autres fois en conserves, tablettes, liqueurs et autres préparations, entre autres mon esprit spécifique de vitriol, de cyprès et celui qui se prépare avec la pivoine et la mélisse après sa purification, qui ont toujours bien réussi à apaiser les accès de ces mouvements turbulents. » O Molière ! auriez-vous ri, lisant ces ordonnances... si le nom du roi ne s'y fût pas rencontré ! Il faut dire aussi qu'il y avait tant de fêtes, de baptêmes, de collations, de soupers, de grandes chasses, de petits déjeuners à Versailles, à Saint-Germain, à Marly, à Chambord, et que le roi se faisait tant de bile avec *les gloutons* de la cour, et puis *un ventre si mal réglé, une tête si remplie de vapeurs*, et tant de *mélancolies !* La victoire et la défaite avaient leur action inévitable sur les entrailles du roi ; les jours du carnaval et l'abstinence du carême lui étaient également funestes. Ajoutez la goutte à tous ces malaises. Il eut son premier accès de goutte, et, Dieu soit loué, c'était bien fait, le jour funeste où il signa la révocation de l'édit de Nantes ! On l'opéra de la fistule un mois plus tard ; il eut la fièvre à la mort de M. de Louvois, une fièvre suivie d'un grand mal de tête. En revanche, il fut très bien portant dans sa campagne de Flandre. En ces mêmes instants où tant de médecins contemplaient le bassin du roi pour en tirer tant de pronostics, il y avait dans le Nord un prince, appelé Charles XII, qui s'endormait, tout botté, sur la glace, et qui faisait dix lieues à cheval, après être resté cinq jours sans boire ni manger !

Cet homme était de fer ; Louis XIV, en un seul jour, absorbait plus de médecines que Charles XII n'en prit en toute sa vie, et comme il eût souri de pitié, le Suédois, si on lui eût raconté que le roi, son frère, avait été purgé onze fois en un seul jour !

Et comme on s'étonne aussi de cette chambre à coucher du palais de Versailles où le *froid* pénètre, et de ce lit royal dont les *punaises* empêchent le roi de dormir un soir que Sa Majesté avait mangé beaucoup d'esturgeon et de sardines salées avec du ragoût de bœuf aux concombres, quantité de gibier et beaucoup de fromage et raisin muscat.

Les courtisans d'autrefois auraient écouté tout ce récit avec l'intérêt qu'ils portaient aux contes de Perrault. Les lecteurs d'aujourd'hui (il n'y a plus de courtisans, Dieu merci !) trouveront peut-être que nous pouvions ne pas aller si loin ; mais le moyen d'effacer tout un gros tome, écrit par des mains si savantes ? Permettez-nous cependant un dernier détail dans lequel la lâcheté des hommes apparaît dans tout son jour. Tant que le roi est resté le tout-puissant, le journal de sa santé est écrit d'une main pieuse ; aussitôt que disparaît sa fortune, on voit disparaître en même temps le souci de sa garde-robe. Enfin, quatre ans avant sa mort, dans ces derniers jours où la santé des vieillards est soumise à tant de variations, le premier médecin a cessé de rien écrire. Il ne s'inquiète plus de la santé du roi !...

C'est même une chose incroyable de voir que soudain tout diminue et s'assombrit dans le palais de Versailles. La vieillesse habitait avec la majesté ce logis des fêtes et des splendeurs. Il y avait déjà quatre ou cinq ans que le marquis de Dangeau écrivait sur son registre :

« Le roi est entré aujourd'hui dans la soixante-cinquième année de son règne, chose dont il n'y a aucun exemple en Europe depuis la naissance de Notre-Seigneur. »

La mort accomplissait autour du roi ses œuvres les plus cruelles, frappant sans pitié les premiers compagnons de son règne, et ses héritiers encore au berceau. Tel un vieux chêne de la forêt de Fontainebleau : tout périt à son ombre, et lui seul il résiste à l'assaut des orages et des années. Les poètes meurent en même temps que les capitaines : Vauban et Despréaux disparaissent le même jour, lassés de vivre, et plus inquiets de leur salut que de la faveur du roi. Le peuple, appauvri par le faste de son maître et par la famine, a déjà fait entendre au loin les premiers murmures :

« Mme de Maintenon alla à Meudon, et vit Monseigneur dans sa petite galerie du château neuf ; messeigneurs les ducs de Bourgogne et de Berri y étaient. Monseigneur lui fit beaucoup d'honnêtetés, malgré l'incognito. Elle était partie de Vincennes à midi ; et le peuple, dans le faubourg Saint-Antoine, voyant passer deux carrosses à six chevaux, commençait à dire des insolences, et elle fut fort aise de trouver les mousquetaires qui la firent passer. »

Ces plaintes des faubourgs iront grandissant toujours. Mais aussi, que d'aventures étranges dans cette noblesse impatiente de l'autorité du maître ! Un duc de Mortemart perd aux dés son régiment, contre le prince d'Isenghein. On introduit à Versailles même un charlatan qui fait de l'or. La guerre est partout avec sa défaite, et Dangeau lui-même écrit ceci, parlant de son dieu sur la terre : « Le roi est accablé de lassitude et de chagrins. » Déjà se manifeste, au milieu des vices inconnus à cette cour, le jeune duc de Fronsac, qui sera plus tard le maréchal duc de Richelieu. Ainsi, le passé s'efface ; ainsi, chaque instant emporte un débris du règne. En moins d'un an, trois dauphins, le grand-père, le père et le fils avec la dauphine. Il y avait encore, oubliées et vivantes, reines des belles années et des beaux jours, Mᵐᵉ de La Vallière et Mᵐᵉ de Montespan... les voilà mortes. Mais il est réservé à ce grand écrivain nommé Saint-Simon de nous montrer ces deux images :

« Mᵐᵉ de La Vallière mourut en ce temps-ci (1710) aux carmélites de la rue Saint-Jacques, où elle avait fait profession, le 3 juin 1675, sous le nom de sœur Marie de la Miséricorde, à trente et un ans. La fortune et la honte, la modestie, la bonté dont elle usa, la bonne foi de son cœur sans aucun autre mélange, tout ce qu'elle employa pour empêcher le roi d'éterniser la mémoire de sa faiblesse et de son péché, ce qu'elle souffrit du roi et de Mᵐᵉ de Montespan, ses deux fuites de la cour, la première aux bénédictines de Saint-Cloud, où le roi alla en personne se la faire rendre, prêt à commander de brûler le couvent ; l'autre aux filles de Sainte-Marie de Chaillot, où le roi envoya M. de Lauzun, son capitaine des gardes, avec main-forte pour enfoncer le couvent, qui la ramena ; cet adieu public si touchant à la reine qu'elle avait toujours respectée et ménagée, et ce pardon si humble qu'elle lui demanda, prosternée à ses pieds devant toute la cour, en partant pour les carmélites ; la pénitence si soutenue tous les jours de sa vie, fort au-dessus des austérités de sa règle ; cette suite exacte des emplois de la maison ; ce souvenir si continuel de son péché ; cet éloignement constant de tout commerce et de se mêler de quoi que ce fût, ce sont des choses qui, pour la plupart, ne sont pas de mon temps ou qui sont peu de mon sujet, non plus que la foi, la force et l'humilité qu'elle fit paraître à la mort du comte de Vermandois, son fils. Mme la princesse de Conti (sa fille) lui rendit toujours de grands devoirs et de grands soins, qu'elle éloignait et qu'elle abrégeait autant que possible. Sa délicatesse naturelle avait infiniment souffert de la sincère âpreté de sa pénitence de corps et d'esprit, et d'un cœur fort sensible dont elle cachait ce qu'elle éprouvait. Mais on découvrit qu'elle l'avait portée jusqu'à s'être entièrement abstenue de boire pendant toute une année, dont elle tomba malade à la dernière extrémité. Ses infirmités s'augmentèrent ; elle mourut enfin dans des douleurs affreuses, avec toutes les marques d'une grande sainteté, au milieu des religieuses dont sa douceur et ses vertus l'avaient rendue les délices, et dont elle se croyait et se disait sans cesse être la dernière, indigne de vivre parmi des vierges. »

L'héritière de cette innocente beauté, celle à qui Mme de Maintenon devait succéder dans les déférences et dans les respects du roi son époux, appartient encore à M. le duc de Saint-Simon, et ce n'est pas nous qui voudrions la lui disputer :

« Mme de Montespan mourut brusquement, aux eaux de Bourbon, à soixante-six ans, le vendredi 27 mai (1707), à trois heures du matin... A la fin, Dieu la toucha. Son péché n'avait jamais été accompagné de l'oubli ; rien ne lui aurait fait rompre aucun jeûne ni un jour maigre.

Des aumônes, estime des gens de bien, jamais rien qui approchât du doute ni de l'impiété ; mais impérieuse, altière, dominante, moqueuse, et tout ce que la beauté et la toute-puissance qu'elle en tirait entraînent après soi. Résolue enfin de mettre à profit un temps qui ne lui avait été donné que malgré elle, elle chercha quelqu'un de sage et d'éclairé, et se mit entre les mains du P. de la Tour, ce général de l'Oratoire si connu par ses sermons, par ses directions, par ses amis, et par la prudence et les talents de gouvernement. Depuis ce moment jusqu'à sa mort, sa conversion ne se démentit point, et sa pénitence augmenta toujours.

« Peu à peu, elle en vint à donner presque tout ce qu'elle avait aux pauvres. Elle travaillait pour eux plusieurs heures par jour à des ouvrages bas et grossiers. Sa table, qu'elle avait aimée avec excès, devint la plus frugale ; ses jeûnes fort multipliés, et à toutes les heures elle quittait tout pour aller prier dans son cabinet. Ses macérations étaient continuelles ; ses chemises et ses draps étaient de toile jaune la plus dure et la plus grossière. Elle portait sans cesse des bracelets, des jarretières et une ceinture à pointes de fer, et sa langue, autrefois si à craindre, avait aussi sa pénitence. Elle était, de plus, tellement tourmentée des affres de la mort, qu'elle payait plusieurs femmes dont l'emploi unique était de la veiller. Elle couchait tous ses rideaux ouverts, avec beaucoup de bougies dans sa chambre ; ses veilleuses autour d'elle, qu'à toutes les fois qu'elle se réveillait, elle voulait trouver causant, jouant ou mangeant, pour se rassurer contre leur assoupissement.

« Parmi tout cela, elle ne put jamais se défaire de l'extérieur de reine qu'elle avait usurpé dans sa faveur et qui la suivit dans sa retraite. Il n'y avait personne qui n'y fût si accoutumé de ce temps-là, qu'on n en conservât l'habitude sans murmure. Son fauteuil avait le dos joignant le pied de son lit ; il n'en fallait point chercher d'autre dans la chambre... Belle comme le jour jusqu'au dernier moment de sa vie ; sans être malade, elle croyait toujours l'être et aller mourir. Cette inquiétude l'entretenait dans le goût de voyager, et dans ses voyages elle menait toujours sept ou huit personnes de compagnie. Elle en fut toujours de la meilleure, avec des grâces qui faisaient passer ses hauteurs et qui leur étaient adaptées. Il n'était pas possible d'avoir plus d'esprit, de fière politesse, d'expressions singulières, d'éloquence, de justesse naturelle qui lui formaient comme un langage particulier, mais qui était délicieux et qu'elle communiquait si bien par l'habitude, que ses nièces et les personnes assidues auprès d'elle, ses femmes et celles qui, sans l'avoir été, avaient été élevées chez elle, les prenaient toutes, et qu'on le sent et qu'on le reconnaît encore aujourd'hui dans le peu de personnes qui en restent. C'était le langage naturel de la famille, de son père et de ses sœurs. »

Nous ne porterons pas ces doubles funérailles au compte de Louis le Grand, mais au compte du dix-septième siècle agonisant dans l'indifférence publique.

Dans les revers de ces dernières années, et quand ce roi superbe eut supporté l'extrême humiliation d'implorer, disons le mot, le pardon de ces Hollandais qu'il regardait comme des marchands, il sut trouver encore de grandes et nobles paroles dignes de son ancienne majesté. Ces Hollandais victorieux eurent le grand tort de manquer de déférence et de respect pour ce digne porteur d'une si belle couronne. A peine s'ils daignèrent écouter les ambassadeurs du roi, M. l'abbé de Polignac et M. le maréchal d'Uxelles, l'héroïque défenseur de Mayence. Pas un peuple ayant conservé la sagesse, qui n'eût accepté avec reconnaissance les propositions de ces deux négociateurs. Ils proposaient l'abandon de l'Alsace, une de nos meilleures provinces, dont la conquête nous avait donné tant de gloire, et, bien plus, ils s'engageaient, au nom de la France, à donner aux États de Hollande un million par mois, qui devait servir aux alliés pour précipiter Philippe V, un prince Bourbon, du trône d'Espagne. Ah! quelle misère et quelle honte! et combien les Hollandais furent mal inspirés quand ils rejetèrent cette paix si chèrement payée de notre argent et de notre honneur!

« Messieurs, leur disait l'abbé de Polignac, nous rendons grâces au ciel de votre aveuglement. Mais prenez garde aux décrets de la Providence ; elle se lassera de votre orgueil, et s'il plaît à Dieu, puisque, en effet, vous abusez de la victoire, avant qu'il soit peu de temps, nous traiterons de vous, chez vous et sans vous. »

C'était noblement parler, c'était dignement servir la France. Elle était indispensable, en effet, à l'équilibre européen, et maintenant que les deux couronnes de France et d'Espagne étaient heureusement séparées, il importait à la sécurité de l'Europe de ne pas écraser cette antique monarchie et cette France, honneur des nations. Définitivement, par un de ces retours de fortune qui n'appartiennent qu'aux grands peuples, le maréchal de Villars sauva la France à Denain, et le grand roi, résolu à s'ensevelir sous les ruines de sa propre monarchie, eut du moins le suprême honneur de laisser une France agrandie et prépondérante dans les destinées de ce bas monde.

Donc, à soixante et quatorze ans, le vieux roi se retrouva jeune et victorieux. La paix qu'il avait mais en vain implorée, il eut l'honneur de la dicter à ses ennemis implacables, et lui-même, il entonna ce dernier *Te Deum* dans la chapelle de Versailles, où s'étaient rendus, par députations, le Parlement, la Chambre des comptes, la Cour des monnaies, la Cour des aides, l'Hôtel de ville, le grand Conseil, l'Université, l'Académie française. Le roi eut un dernier sourire pour les lettres et donna huit cents livres de pension au traducteur d'Hombre. On n'est pas fâché de rencontrer enfin ce grand nom d'Hombre sous la plume de Louis XIV; on n'est pas fâché que, le lendemain de ce dernier *Te Deum*, les comédiens ordinaires aient joué *le Mariage forcé*.

Tels étaient la règle et l'ordre en toute cette existence royale, où chaque heure avait son emploi, qu'à lire en ces pages écrites par un courtisan de Versailles, on finit par trouver que toutes ces journées se ressemblent. A huit heures du matin, le premier valet de chambre en quartier (il avait couché dans la chambre du roi) éveillait Sa Majesté. Le premier médecin et le premier chirurgien entraient dans la chambre; le roi changeait de chemise.

Au même instant, arrivaient le grand chambellan et le premier gentilhomme, avec les grandes entrées. Le capitaine des gardes ouvrait les rideaux du lit et présentait l'eau bénite, et, si quelqu'un de ces seigneurs avait quelque chose à dire au roi, c'était le moment, chacun s'éloignant et le laissant libre. On présentait ensuite à Sa Majesté le livre qui contenait l'office du Saint-Esprit (tous les chevaliers de l'ordre y étaient obligés), et l'office étant dit, l'un des seigneurs donnait au roi sa robe de chambre, pendant que les secondes entrées assistaient à sa toilette. En ce moment, le roi se livrait à son barbier, et prenait, sur un plat d'or, une serviette, mouillée d'un côté, sèche de l'autre, avec quoi il se lavait. Puis, il s'agenouillait à son prie-Dieu, ses aumôniers agenouillés avec lui, tous les autres restant debout.

Le roi passait de là dans son cabinet. Sa journée étant arrangée, il restait seul avec ses architectes, ses jardiniers et ses principaux domestiques. Toute la cour, moins le capitaine des gardes qui ne perdait jamais le roi de vue, attendait dans la galerie, et si quelques audiences étaient accordées, il recevait les ministres étrangers ou les ambassadeurs. Ceci fait, le roi allait à la messe, où la musique chantait chaque jour un motet. Après la messe, le roi allait au conseil. Tel était l'emploi de sa matinée.

Au conseil, assistaient tous les ministres. Le vendredi, après la messe, appartenait au confesseur. Le roi dînait à midi, seul, dans sa chambre, sur une table carrée, à la fenêtre du milieu. Il mangeait de beaucoup de plats et de trois services, sans compter le dessert. Aussitôt que la table était apportée entraient les principaux courtisans ; le premier gentilhomme avertissait le roi et le servait, se tenant derrière le fauteuil. Si M. le Dauphin était présent, il donnait la serviette au roi et restait debout. Bientôt le roi lui donnait la permission de s'asseoir ; le prince faisait la révérence et s'asseyait jusqu'à la fin du dîner.

Le roi parlait peu à son dîner. Au sortir de table, il rentrait dans son cabinet, mais il s'arrêtait un instant sur le seuil, et c'était encore un moment favorable pour lui parler. L'instant d'après, il s'amusait à donner à manger à ses chiens couchants, puis on l'habillait, en présence de peu de gens, les plus considérés, que laissait entrer le premier gentilhomme de la chambre.

A peine habillé, il sortait par un escalier dérobé dans la cour de marbre pour monter en carrosse, et, dans le trajet, aller et retour, lui parlait qui voulait. Il aimait le grand air ; il ne redoutait ni le froid ni la chaleur. Il sortait même par la pluie, et sa grande joie était de chasser dans les forêts de Versailles, de Marly ou de Fontainebleau. Il était très adroit et de bonne grâce, et pas un chasseur qui tirât mieux que lui. C'était encore un de ses plaisirs de voir travailler ses ouvriers, de se promener dans ses jardins, de donner la collation aux dames, et de faire avec elles le tour du canal, les dames et les courtisans dans leurs plus riches habits. *Le chapeau, Messieurs*, disait le roi, quand il permettait aux courtisans de se couvrir.

La chasse au cerf était de plus grande cérémonie, et ceux qui la suivaient étaient vêtus d'un justaucorps orné de galons d'or et d'argent. Cela s'appelait *un justaucorps à brevet*. Qu'on le suivît à la chasse, à la promenade, le roi était content. Que l'on jouât gros jeu dans le salon de Marly, le roi applaudissait. Lui-même, il était bon spectateur des joueurs de paume. A quatre heures, il y avait un conseil de ministres, et, le reste du temps, le roi le passait avec les dames, à la promenade en été, et, le soir venu, quelque loterie où les dames gagnaient, à coup sûr, de riches étoffes, de l'argenterie, des bijoux. A dix heures, le roi ayant changé d'habit, le souper était servi dans l'antichambre de M⁻ᵉ de Maintenon, toujours au grand couvert, avec la maison royale, c'est-à-dire uniquement avec les fils et filles de France et grand nombre de dames, tant assises que debout. C'était le moment où les courtisans disaient au roi : *Sire, Marly ?* Il ne déplaisait pas au roi d'être importuné.

Après souper, le roi se tenait quelques moments debout au balustre du pied de son lit, environné de toute la cour. Puis, avec des révérences aux dames, il passait dans son cabinet, où se trouvaient les princes et les princesses de sa famille. A onze heures, Sa Majesté donnait le bonsoir à tout le monde d'une inclination de tête.

Chacun sortait ; seules, les grandes entrées attendaient, pour sortir, que le roi se mît au lit. Le colonel des gardes prenait l'ordre, et, la prière étant faite, les aumôniers se retiraient. « Le roi, disait Saint-Simon, n'a manqué la messe qu'une fois dans sa vie, à l'armée, un jour de grande marche. Il a toujours fait maigre, à moins qu'il ne fût très malade. Il exigeait l'abstinence du carême ; il se tenait très respectueusement à l'église, et trouvait fort mauvais s'il entendait parler à l'office divin. »

Il communiait en grand habit, en rabat, en manteau, et le collier de l'ordre à son cou. Il disait son chapelet à la messe, et toujours à genoux. Les jours ordinaires, il portait un habit de couleur brune, orné d'une légère broderie, et des pierreries à ses souliers seulement. Rien n'était pareil au soin, aux égards, à la politesse du roi pour ses hôtes de Marly ou de Fontainebleau.

Mais, dans les dernières années, chacun portait impatiemment la fin d'un si long règne. Le palais de Versailles était las de ces longues cérémonies, toujours les mêmes. Paris finissait par ne plus supporter ce joug, que chaque jour rendait plus lourd. Les provinces étaient à bout de leurs sacrifices. L'oubli était général des merveilles dont s'honoraient les quarante premières années de ce grand règne. Il était temps enfin que le roi disparût et fît place au nouveau règne. Ainsi, dans les ardeurs de l'été brûlant, le laboureur invoque les rayons du soleil couchant. Juste à l'heure qu'elle avait désignée aux horloges de Versailles, la mort frappait à la porte même de la chambre royale, après avoir visité toutes les autres. A son tour, le roi est touché. Il comprend que son heure est venue. Il souffre il est en proie à la fièvre ardente, et pourtant il travaille encore. Rien n'est changé : les tambours et les hautbois donnent sous les fenêtres l'aubade accoutumée ; il dîne à son grand couvert, pendant que les vingt-quatre violons jouent leurs sarabandes dans l'antichambre.

En ce moment, le roi revoit d'un coup d'œil toute sa vie ; il serait volontiers son propre juge. A deux serviteurs qui pleurent au pied de son lit : « Pourquoi pleurez-vous? dit-il. Est-ce que vous pensiez que j'étais immortel? » C'est qu'en effet, dans ce palais de Versailles, chacun pensait que le grand roi ne pouvait pas mourir.

« Le samedi 31 août 1715 (c'est encore Saint-Simon qui parle, et nos lecteurs ne s'en plaindront pas), la nuit et la journée furent détestables. Il n'y eut que de courts et rares instants de connaissance. La gangrène avait gagné le genou et toute la cuisse. On lui donna du remède de feu abbé Aignan, que la duchesse du Maine avait envoyé proposer. Les médecins consentaient à tout, parce qu'il n'y avait plus d'espérance. A onze heures du soir, on le trouva si mal qu'on lui dit les prières des agonisants. L'appareil le rappela à lui. Il récita les prières d'une voix si forte, qu'elle se faisait entendre à travers celle du grand nombre d'ecclésiastiques et de tout ce qui était entré. A la fin des prières, il reconnut le cardinal de Rohan, et lui dit : « Ce sont là les dernières grâces de l'Église. » Ce fut le dernier homme à qui il parla. Il répéta plusieurs fois : « *Nunc et in hora mortis ;* » puis dit : « O mon Dieu, venez à mon aide, hâtez-vous de me se-« courir ! » Ce furent ses dernières paroles. Toute la nuit fut sans connaissance, et une longue agonie, qui finit le dimanche 1ᵉʳ septembre 1715, à huit heures un quart du matin, trois jours avant qu'il eût soixante-dix-sept ans accomplis, dans la soixante-douzième année de son règne.

« Il s'était marié à vingt-deux ans, en signant la fameuse paix des Pyrénées, en 1660. Il en avait vingt-trois quand la mort délivra la France du cardinal de Mazarin, et vingt-sept ans lorsqu'il perdit sa mère, en 1666. Il devint veuf à quarante-quatre ans en 1683, perdit Monsieur à soixante-trois ans, en 1701, et survécut à tous ses fils et petits-fils, excepté à son successeur, au roi d'Espagne et aux enfants de ce prince. L'Europe ne vit jamais un si long règne et un roi si âgé.

« Pour l'ouverture de son corps, qui fut faite par Maréchal, son premier chirurgien, avec l'assistance et les cérémonies accoutumées, on trouva toutes les parties de son corps si entières, si saines, et tout si parfaitement conformé, qu'on jugea qu'il aurait vécu plus d'un siècle sans les fautes des médecins, qui lui mirent la gangrène dans le sang. On lui trouva aussi la capacité de l'estomac et des intestins double au moins des hommes de sa taille, ce qui est fort extraordinaire, et ce qui était cause qu'il était si grand mangeur et si égal.

« Ce fut un prince à qui on ne peut refuser beaucoup de bon, même de grand, en qui on ne peut méconnaître plus de petit et de mauvais, duquel il n'est pas possible de discerner ce qui est de lui ou emprunté; et, dans l'un et dans l'autre, rien de plus rare que des écrivains qui en aient été bien informés, rien de plus difficile à rencontrer que des gens qui l'aient connu par eux-mêmes et par expérience, et qui soient capables d'en écrire, en même temps assez maîtres d'eux-mêmes pour en parler sans haine ou sans flatterie, et de n'en rien dire que par la vérité nue en bien et en mal. » .

M. le duc de Saint-Simon, parlant de Louis XIV, après s'être si longtemps incliné sous sa loi souveraine, a manqué, sinon de respect, tout au moins d'indulgence. Il commence par refuser ce qu'il appelle un grand esprit à ce jeune roi de vingt-trois ans, qui grandit si vite et si bien, au milieu de tant de beaux génies, espoir de la guerre, honneur de la paix. Tant de grands poëtes, de ministres habiles, de généraux aimés de la victoire. En même temps, les femmes les plus considérables par leurs grâces et par leur beauté, qui enseignèrent au jeune prince l'élégance et la politesse. Il était né avec la majesté, et pas un de ses sujets n'a jamais pensé qu'il pût être autre chose qu'un grand roi. Il le sentait lui-même; il comprenait les devoirs du règne. Il avait près de lui, pour lui enseigner le gouvernement, le grand ministre Colbert. A peine roi, il fut appelé hors de ses frontières par des guerres nationales; il agrandit la France; il fit sentir l'autorité française en Italie, en Allemagne, en Espagne, et de très bonne heure il habitua l'Europe à dire tout simplement: *le roi!* sans ajouter: le roi de France. *Le roi est mort!* retentit dans le monde entier.

En même temps, que de chefs-d'œuvre éclos à l'ombre éclatante de ce grand trône! Il avait Molière à ses ordres; Racine, initié dans les passions de sa jeunesse, les transportait sur le théâtre. Il y eut dans le jardin de Versailles de telles fêtes, que la poésie en devait garder le souvenir. Des paroles furent prononcées, dans cette chapelle de Versailles, d'une solennité si grande, que l'écho doit s'en prolonger jusqu'à la fin des siècles: le sermon sur *le petit nombre des élus*, par exemple. Adoré des uns, redouté de tous, admiré du grand nombre, il était le maître, il était l'arbitre, et pas un sujet qui refusât de donner pour le roi sa vie et sa fortune. Il ne voyait qu'obéissance autour de son trône: obéissance de son frère, obéissance de son fils unique, obéissance des princes de la maison de Condé, obéissance de la ville et de la cour, des Parlements, des provinces, avec tant de dignité qui ne l'a pas quitté un seul jour, non pas même à son agonie. Et quand il fut au cercueil, ses serviteurs les plus proches s'étonnèrent qu'il n'eût que la taille ordinaire des hommes, pas un n'ayant osé le regarder face à face.

Il faisait toute chose ; il était le commencement et la fin de toutes les fortunes de son siècle. Il tenait les maréchaux de France sous sa dépendance immédiate, et de son cabinet il leur envoyait le plan de leurs campagnes tracé de sa main. En même temps, plus de seigneurie et plus de seigneurs ; Richelieu avait abattu les têtes les plus hautes, et, désormais, qui voulait vivre accourait à Versailles, trop heureux quand le roi lui accordait un coup d'œil, et lui faisait donner le bougeoir, lorsqu'au sortir de sa prière il désignait le courtisan favorisé qui le devait accompagner jusqu'au seuil de sa chambre.

Il voulait être accompagné et suivi partout : à Meudon, à Versailles, à Marly, à Fontainebleau, demandant pour quel motif celui-ci s'était absenté la veille, et bien persuadé qu'un homme était mort, qui ne l'avait pas salué depuis huit jours. Pas de secrets pour le roi ; il voulait tout savoir, il savait tout. Des gens à lui violaient le secret des lettres, et lui rapportaient les mystères les plus cachés de chaque famille. Il savait la valeur de son sourire, et le prix de son moindre regard. Telle était sa politesse, qu'il levait son chapeau pour toutes les femmes, les connues, les inconnues. Chacun s'extasiait devant ses révérences. Il avait inventé cette définition : que *l'exactitude était la politesse des rois.* Exact jusqu'à la minutie, il disait une fois : *J'ai pensé attendre !*

Enfin, si profonds étaient les respects dont on l'entourait, qu'ayant envoyé une lettre au duc de Montbazon, gouverneur de Paris, par l'un de ses valets de pied, M. le duc de Montbazon fit dîner ce valet à sa table, et le reconduisit jusqu'au milieu de sa cour. Quoi de plus juste? Il était venu de la part du roi ! En revanche, il était toujours à sa tâche, et sans un instant de répit, dans la décence et dans la grandeur. Superbe à pied, à cheval, en carrosse, à la promenade, au repos. Très habile à conduire, en ses jardins, quatre petits chevaux vifs comme la poudre. Ami du luxe, amoureux de magnificence, il ne savait pas le nombre de ses maisons, de ses pavillons, de ses forêts bien percées pour la chasse à courre. Il ne connaissait pas d'obstacles, et s'il fallait tyranniser la nature, il y mettait une constance impitoyable, abaissant la montagne, aplanissant le vallon, cherchant les eaux absentes à main armée, et ce fut ainsi qu'il éleva Versailles, *ce favori sans mérite*, dont il fit le rendez-vous universel de toutes les grandeurs du grand siècle. Versailles finit par l'emporter sur toutes les maisons d'alentour.

Avec Mme de Maintenon reparut l'ordre, oublié si longtemps dans les transports de la jeunesse. Il redevint tout à fait le roi. Accablé au dehors par des ennemis irrités qui le croyaient perdu sans ressources, le roi résista par sa propre force. Accablé chez lui par des malheurs incomparables, avec tant de soupçons de crime et de poison, il se montra si fièrement au-dessus de son malheur, qu'il finit par arracher la pitié de l'Europe, épouvantée à l'aspect de tant d'humiliations, et de cette fin misérable d'un règne éclatant entre tous les règnes. Il disait en ses derniers moments : *Quand j'étais roi !* Mais à son accent on comprenait qu'il était resté le roi !

Ce grand courage, on l'a vu, l'a soutenu jusqu'à la fin ; ajoutez la confiance en Dieu. Plus il s'humiliait sous la main puissante, et plus il se relevait plein de confiance dans le Dieu qui pardonne. Il se confessa publiquement d'avoir trop aimé la guerre. Il parla comme un père et comme un roi au pauvre enfant qui devait porter sa lourde couronne, et voilà par quelles vertus ce grand roi, le plus grand du monde, après tant de justes et violentes attaques, et tant d'accusations sans rémission, a fini par sauver sa gloire.

La Révolution même, qui le devait arracher de ces caveaux du monastère de Saint-Denis, où reposaient tant de monarques ses aïeux, ne devait pas enlever à Louis XIV la place à part qu'il tient justement dans l'histoire des grands rois.

LE POÈTE EN VOYAGE

LE POÈTE EN VOYAGE

I

C'est un rare et charmant instant, dans la vie et le travail d'un écrivain sérieux qui comprend toute sa destinée, l'instant où, content de lui-même et des autres, il entre enfin en pleine possession du succès, de la popularité, de la fortune. Il doutait jusqu'à cette heure, et même aux jours du succès, il se demandait s'il n'était pas le jouet d'un songe, et si le lendemain serait aussi doux que la veille. Il faut tant de soin, de zèle et de bonheur, disons tout, tant de mérite et de talent, pour percer le nuage, et le bruit vient si lentement à l'écrivain ! Quoi de plus triste et rempli des plus terribles angoisses que les premiers commencements du travail littéraire ? On hésite, on se trouble, on étudie, épouvanté de tant d'obstacles, toutes les petites passions de son lecteur. Le style, en même temps, qui se révèle à si peu de beaux esprits singuliers et primesautiers, représente à lui seul une peine infinie. Ah ! que de fois voilà le commençant qui maudit la tâche acceptée ! Il y renonce, il n'en veut plus ; il sera volontiers le soldat, le marin, l'avocat, le marchand ; mais écrire incessamment, écrire aujourd'hui, demain, toujours : « Non, non, se dit-il, c'est impossible ! » aussi découragé qu'un enfant qui prend le plus proche horizon pour la fin du monde. On composerait une liste originale de très bons écrivains qui se sont arrêtés net au bout du premier sentier.

Mais c'est surtout dans l'art dramatique et parmi les jeunes adeptes de la comédie, ignorants du danger, que se fait sentir ce découragement mortel. L'accès est si difficile en ces théâtres, obérés pour la plupart, et qui n'ont pas le temps d'attendre. Il leur faut tant d'argent et tout de suite ! Ils sont si parfaitement incapables de se dire, à l'aspect d'un talent qui vient de naître : « Attendons, faisons-lui place, il aura bientôt son tour. » Non, non ; en vingt-quatre heures, il faut réussir. Tout de suite il faut dominer le caprice et la volonté d'un parterre habitué aux plus vieux effets du mélodrame, et si le jeune homme est vraiment nouveau, si son œuvre a l'accent vrai de la jeunesse, et s'il découvre un petit recoin où pas un, sinon les maîtres, n'a passé avant lui, que d'obstacles encore, et comme il doit se féliciter lorsque enfin, par une suite incroyable de petits bonheurs, il arrive à se dire : « On m'écoute, on me suit, le public sourit à mon œuvre ; à la fin donc je suis le maître absolu des passions et des volontés d'alentour ! »

Tel était, aux environs de la révolution de 1830, l'aimable et charmant écrivain que nous allons mettre en scène à son tour, et dont le souvenir est resté cher à tous les honnêtes gens qui ont eu l'honneur et le bonheur d'être au rang de ses amis. En venant au monde, il avait apporté les merveilleux instincts du poète comique, à savoir : le dialogue et le trait, le sourire et l'invention. Dédaigneux des chemins frayés, il avait commencé par découvrir les mondes nouveaux dans lesquels sa comédie était appelée, et dans ce monde à part de son invention il avait convoqué des personnages, non pas nouveaux (l'espèce humaine est si vieille, obéissante à de si antiques passions), mais des personnages d'un aspect tout nouveau. Il se servait à plaisir des modes, des travers, des accidents, des opinions de chaque matinée, et, les retraçant d'un crayon léger, il en faisait une image heureuse et ressemblante. Il ne visait pas au chef-d'œuvre, à l'image impérissable, aux grands caractères agissant dans une longue action dramatique, et cependant il finit sans le vouloir, et presque sans le savoir, par atteindre aux honneurs de la grande comédie. A l'heure où cette histoire va commencer, ce modeste ambitieux se contentait volontiers d'une scène agréable et d'un tableau de genre, où des amoureux de vingt ans, le jeune homme en habit du matin et la fillette en négligé, se chantaient d'innocentes chansons.

Mais quoi! tout le beau monde parisien qui échappait aux violentes émotions de l'Empire, lassé *de gloire et de victoire, de lauriers et de guerriers*, acceptait franchement cette heureuse comédie en tablier vert, la tête à demi couverte d'un simple chapeau de paille d'Italie. On y respirait une si douce odeur de roses naissantes, de lait chaud et de foin nouveau! Dans ces bosquets enchantés, les oiseaux de nos jardins chantaient leurs plus douces chansons, et si par hasard on y rencontrait un des vieux soldats de l'Empereur tombé, c'était, le plus souvent, un vieux capitaine, ami de la jeunesse heureuse, paisible confident de petits malheurs qu'il finissait par consoler. Tout chantait, tout souriait dans ces premières comédies que le jeune homme avait rencontrées si plaisantes dans les premiers battements de son cœur. Donc, il effaça sans peine et sans effort tous les faiseurs de comédies; il n'eut qu'à se montrer pour qu'ils rentrassent dans l'ombre. Ils étaient les représentants d'une époque oubliée; il était, lui, l'historien des passions présentes. Si bien que tout de suite il fut, parmi nous, riche et populaire, et l'Europe entière ne jura plus que par son génie.

Un seul amuseur peut se comparer à celui-là; ils étaient du même âge, ils écrivaient à la même époque, mais ils appartenaient à des nations différentes; cet autre amuseur des jeunes esprits et des honnêtes gens, il s'appelait sir Walter Scott. En moins de cinq ou six années d'études et de succès de tout genre, il advint que notre poëte comique était incontestablement le plus rare et le plus charmant esprit de son époque. Il avait accompli à lui seul toute une révolution dans le grand art de corriger doucement les mœurs d'un grand peuple, et de châtier en riant ses passions et ses vices. A lui seul il avait tout deviné, tout découvert et tout mis en ordre en ce monde si nouveau qui avait été l'Empire et n'était déjà plus la Restauration. Le faubourg Saint-Honoré, la Chaussée d'Antin, les maisons modernes, les soldats licenciés à Waterloo, l'active et galante jeunesse, à demi révoltée et fidèle à demi, qui devait remplir de son talent, de son éloquence et de ses vertus viriles tout un règne où la parole était souveraine, où le talent était roi, voilà bien ce que notre auteur avait pressenti dans sa comédie. Il avait accepté glorieusement toutes nos gloires. Il s'était fait l'interprète éloquent de nos justes rancunes; plus d'une fois il nous avait consolés de nos défaites si récentes et si cruelles, que le nom seul de ces batailles perdues est encore une douleur nationale.

Son intelligence active et dévouée aux plus légers chagrins de cette nation si troublée allait sans cesse et sans fin de l'élégie à la chanson, de la cabane à la maison bourgeoise, du fabricant au soldat laboureur, du vieux marquis ramené par l'exil à l'homme enrichi par la prospérité publique. Il tenait à toutes les conditions; il mettait en scène les hommes les plus divers ; en un mot, déjà rien ne manquait à sa gloire, à sa fortune au moment où va commencer cette histoire, dans laquelle cet aimable homme, ingénu à ses heures, et cependant d'un esprit si fin, a joué un si beau rôle, et qui convenait si bien à sa bonne grâce, à sa justice, à son bel esprit. A l'exemple de Molière, son maître, il avait deux noms ; le public le connaissait sous son nom de guerre, et l'appelait M. Fauvel.

Dans cette foule d'honnêtes gens qui l'entouraient naturellement d'une admiration dévouée (et voilà la première récompense, et la plus désirable de l'écrivain), il y avait sur les bords de la Saône, dans un petit village abrité de deux collines célèbres dans les vendanges du Mâconnais, une dame de Saint-Géran, fille d'un M. Fauvel, gentilhomme breton, et l'on peut bien penser qu'à la faveur de cette communauté de nom propre, elle n'avait pas été la dernière à solliciter l'amitié du jeune homme. A chaque pièce nouvelle il était sûr de recevoir une lettre affable de son amie inconnue, et tantôt elle lui envoyait les meilleurs poulets de sa basse-cour, tantôt le bon vin de ses celliers; en automne, elle ne lui ménageait ni les raisins ni les pêches. Bref, en toute occasion, elle le traitait en ami, et plus tard, en enfant gâté.

Lui, cependant, s'abandonnait volontiers à ces tendresses innocentes. Il y répondait de son mieux, et le premier exemplaire de chacune de ses comédies, orné d'une petite historiette de la première représentation, devenait la joie et l'orgueil du château de Saint-Géransur-Saône. Plus d'une fois ses propres voisins, quand ils se rendaient à Paris, avaient prié Mme Fauvel de Saint-Géran de leur donner une lettre à porter à son cousin, l'illustre M. Fauvel ; elle avait longtemps hésité ; longtemps elle s'était défendue, elle n'avait pu si bien faire qu'elle n'eût donné, en effet, deux ou trois lettres de recommandation pour son *cousin*, non pas, certes, sans un certain trouble. Heureusement qu'il est écrit : *A bon entendeur, salut !* et que le cousin avait fait bonne grâce aux requêtes de sa cousine, si bien que chez messieurs les vignerons, et chez plus d'un gentilhomme des environs de Mâcon, il était incontestable qu'il y avait parenté formelle entre la dame et le monsieur. M. Fauvel en riait lui-même. « Acceptez, disait-il à ses amis, une aile de ce chapon que ma cousine Fauvel de Saint-Géran engraisse depuis tantôt six mois pour mon dîner du mardi gras. »

Cependant, il n'avait jamais vu la dame, et malgré ses sollicitations pressantes, elle n'était point venue à Paris, si bien que la première ardeur étant passée et les premières amitiés étant faites, on avait commencé par s'écrire un peu moins, puis rarement. Dans l'intervalle était mort M. de Saint-Géran, et maintenant que la dame était une veuve, jeune encore et bonne à marier, elle avait jugé qu'il était sage et prudent d'insister un peu moins sur son cousinage avec le jeune et célèbre poète. Ainsi, peu à peu, la langueur s'était mise entre ces deux amitiés, trop éloignées l'une de l'autre pour qu'elles fussent bien tendres et bien vives. La dame était de bon sens, le jeune homme aussi ; la dame, à raison même de son veuvage, avait sur les bras de grandes affaires dans un pays où le moindre cep de vigne est entouré d'envie et vous fait des jaloux sans nombre. De son côté, le jeune homme, au plus beau moment de son grand succès, ne manquait pas d'amitiés pour l'en distraire. Il était le bienvenu dans les meilleures et les plus considérables maisons de Paris, et c'était à qui le posséderait quatre ou cinq jours dans les plus beaux domaines de Versailles, de Sceaux et de Saint-Germain.

Ainsi, des deux côtés, c'étaient autant de motifs pour que la cousine et le cousin s'oubliassent réciproquement. Les amitiés du monde sont ainsi faites, elles se nouent et se dénouent si volontiers, que ce n'est guère la peine d'en avoir.

Cependant, comme il y avait tantôt dix années que le poëte était à l'œuvre et qu'il se sentait las d'écrire, il résolut, un beau jour, pour se donner un vrai congé, de quitter sa bonne ville de Paris, sa mère nourrice qui suffisait à son œuvre entière, et de chercher au loin quelques heures de liberté et de repos. Vous savez déjà qu'il était modeste en toute chose et que, s'il avait un peu d'orgueil, il n'avait point de vanité. Il prit donc, comme un simple voyageur, la diligence du Midi qui passait par le Mâconnais, et quand il vit que la diligence était pleine, il s'en réjouit comme d'un accident favorable à sa profession. Il allait donc voir enfin des gens de la province, et regarder de très près dans ces cavernes. Il allait prêter une oreille attentive à ce babil intarissable, à ces petites ambitions si furieuses pour un rien, à ces avarices gigantesques et sans honte. « Oh là! se disait-il, ne dormons pas; écoutons bien, regardons tout. » Mais à peine il eut regardé le paysage pendant deux ou trois heures, il s'endormit d'un sommeil si profond, qu'il fallut le réveiller pour lui dire que l'on était arrivé au *Soleil d'or*, où le dîner était servi.

Ce *Soleil d'or* représentait une assez grande auberge,

honneur de la contrée, et la table d'hôte, à trois francs
par tête, était célèbre à dix lieues à la ronde. On s'assied,
on mange, on boit, peu de causerie, et tout au plus
quelques gaillardises de commis voyageur. Notre homme
en était consterné.

— Je n'irai pas longtemps ainsi, se disait-il, je prendrai
la poste à Mâcon, et j'aurai peut-être l'honneur de voyager tout seul.

Ce bon dîner semblait avoir ragaillardi tout le monde.
Un petit vin blanc, sentant la pierre à fusil, réjouissait
toutes ces têtes. Le conducteur lui-même était sous l'influence de cette innocente orgie, et ne pressait pas trop
les voyageurs de remonter à leur place. Il faut vous dire
que deux voyageurs s'étaient arrêtés au *Soleil d'or*, et
avaient été remplacés dans la diligence par deux nouveaux venus qui méritaient une certaine attention.

Le premier était un jeune homme, aux cheveux bouclés, porteur d'une veste à boutons d'argent et coiffé
d'une casquette prétentieuse où quelque Arachné villageoise avait brodé un sabbat de papillons. Il y en avait de
toutes formes et de toutes couleurs : gris, bruns, jaunâtres,
il y en avait même un rose au bord de cette aimable coiffure, et tous ces papillons voltigeaient autour de ce rustre
endimanché. Dans une poche de côté, il portait un foulard de couleur sang de bœuf, qui lui donnait de loin
l'apparence d'un chevalier de la Légion d'honneur. Des
guêtres serrées à fond dessinaient une jambe un peu
grasse, une rotule épaisse, et laissaient voir un pied plat.
Ce jeune homme, évidemment, se croyait le plus beau
du monde. Il n'était fille d'auberge qui ne le saluât d'un
sourire, et quand il parut à la portière, il y eut dans tout
le carrosse une explosion de joie et d'orgueil. « Voilà
Romain, disait-on. Ah ! te voilà, Romain ! Bonjour, Ro-

main. » Il saluait à droite, à gauche, et des sourires, et des poignées de main. Un capitaine qui rentrerait dans ses foyers après dix batailles gagnées ne rencontrerait pas plus d'empressement dans son pays natal que ce monsieur Romain, qui était vraiment la coqueluche de la contrée.

L'intérieur de la diligence.

L'homme qui le suivait, beaucoup plus modeste en sa tenue, obtint à peine quelques regards. A la fin, cependant, tout le monde étant placé, et l'intérieur de la diligence étant encore une fois au grand complet, la voiture se remit en route. Assis dans son coin, le voyageur que nous n'avons pas quitté un seul instant se demandait, déjà très inquiet, quel était ce monsieur Romain, d'où il venait, où il allait, et par quel tour de force il était parvenu, de si bonne heure, à cette étrange popularité.

Tous ces hommes semblaient se connaître. A les voir, à les entendre, on eût dit une compagnie qui se serait donné rendez-vous sur ces banquettes. Ils parlaient tous ensemble, à haute voix, la demande n'attendant pas la réponse, et Dieu sait avec quel accent, dans quel patois, et certains agréments de langage qui n'appartiennent à aucune langue. « Ah ! se disait notre auteur dramatique, me voilà bien dépaysé. Une comédie est là, sous mes yeux, on la joue, et je n'y comprends rien ; on la parle, et pour moi c'est lettre close. » Et véritablement, il assistait à un pandémonium rustique, où toutes les passions déchaînées hurlaient, glapissaient, riaient, badinaient. Je ne sais quoi de sinistre et de malsain était au fond de ces gaietés. Ces messieurs s'amusaient trop pour s'amuser innocemment.

Heureusement que ces grandes joies sont comme la fièvre, intermittentes ; elles s'apaisent assez vite. Après ces grands bruits, le calme et le silence ont leur tour. Peu à peu, maître Romain descendit de son char de triomphe, et, dans un langage assez clair, il expliqua comment il avait été choisi pour venir à bout de certain mariage où il devait trouver, en s'y prenant bien, une grande fortune. Il ne nommait personne, tant il se savait compris de tout le monde, et notre voyageur eut grand'-peine à deviner enfin qu'il s'agissait de la fortune et de la main d'une dame étrangère au pays, veuve depuis un an, restée seule et sans défense au milieu de toutes les difficultés d'un veuvage.

— Par ma foi, disait Romain, en tirant de sa vieille pipe une épaisse fumée, elle m'est bien due ; elle m'a donné, sans reproche, assez de mal. Voilà tantôt six mois que je la dispute au jeune Hippolyte Cassegrain, au petit Martin, au grand Bernard. Je l'ai jouée au billard, et je l'ai gagnée en cinquante points contre le lieutenant Mitouflet; je l'ai jouée au piquet en cent points contre le percepteur Morizot. Bref, les voilà tous éconduits ; chacun d'eux m'a fait place, et la ville entière est ma complice. En vain la dame hésite et me fait grise mine, il faudra bien qu'elle cède : il y va de notre gloire à tous. Jusqu'à l'heure où elle dira oui, elle n'aura pas de cesse et de repos, elle n'entendra parler que de Romain : le beau Romain par-ci, le grand Romain par-là. Chacun, s'attelant à mon char, va me prêter toutes les vertus, et de l'argent comme s'il en pleuvait ; à mon nom seul, la fille à marier, et même les gros partis qui ne voudraient ni de vous ni de moi feront entendre aux oreilles de la veuve des soupirs à mettre en branle un moulin à vent. Les coquettes diront en minaudant : La femme qui le fixera pourra se vanter d'avoir accompli une œuvre difficile. « Hélas ! diront les prudes, quel dommage ! avec un esprit moins léger, M. Romain eût fait un excellent mari ! » Puis toutes sortes de menus propos : « Avez-vous vu le nouveau cheval de Romain ? l'habit bleu de Romain ? Savez-vous que Romain revient de la capitale, dont il a rapporté certaine cravate bleue à filets roses ? Ah ! gredin de Romain ! »

Ainsi parlait ce rustre au milieu de l'admiration universelle ; en même temps, il faisait craquer l'un après l'autre ses longs doigts garnis de bagues douteuses. Il passait la main dans ses longs cheveux pommadés de vanille et de jasmin ; il étalait sa large poitrine et consultait de temps à autre une montre en or guillochée à Genève. A sa chemise, on voyait briller trois diamants ; on entendait dans sa poche le bruit des écus : il était toute prospérité, toute santé, tout contentement ; chacun le contemplait dans une admiration profonde. Il serait mort sur la place, on eût pris de ses reliques, et l'on se fût divisé sa chaîne d'or, comme on eût fait pour la corde d'un pendu. Tel était fait, construit, soufflé et boursouflé cet homme heureux.

Sitôt qu'il eut compris qu'il allait comprendre enfin quelque chose à ce mystère de jovialité et d'iniquité, M. Fauvel, replié dans son coin et les yeux enfoncés sous la visière de sa casquette de voyage : « Allons, se disait-il, voilà déjà un premier acte assez satisfaisant. Une pauvre femme abandonnée au milieu de ces rustres, aussi pitoyables que des sangsues ; un mari qui vient de mourir, laissant sa veuve et son héritage en proie à toutes les ambitions de la province ; une ville entière qui décide en son âme et conscience que cette infortunée épousera ce triste hère, et qui se fait un point d'honneur de lui donner ce mari ridicule, chacun prenant l'engagement tacite, inavoué, mais certain, d'imposer à cette innocente ce don Juan du fumier. Voilà un beau premier acte. » Et déjà notre homme, esprit inventeur, arrangeait, nommait, disposait ses héros, les faisant aussi pleutres, aussi petits, mesquins, avares, envieux et jaloux qu'il les avait sous les yeux.

La route était montante ; on allait au pas. Le soleil était vif. Les voyageurs, qui avaient bien déjeuné, s'endormaient l'un après l'autre ; on ronflait déjà dans l'intérieur de la diligence, et seuls M. Romain, son homme d'affaires et certain voyageur en vins qui semblait très éveillé, poursuivaient, à voix beaucoup plus basse, la conversation commencée.

— Il était temps, monsieur Romain, disait le commis voyageur, de mettre en avant notre petite conjuration.

La dame était serrée de près par Maître Urbain le notaire, un vrai représentant de l'ancien notariat. Qu'elle eût choisi M. Urbain pour son notaire, et nos projets auraient été bientôt déjoués par cet homme adroit et droit.

— Aussi, reprit M. Romain, j'emmène avec moi un homme d'affaires qui en sait long, et qui en remontrerait à tous les notaires du département. On dit que la dame aurait besoin, pour tout liquider, d'un emprunt de vingt mille francs; maître Uberti, que voilà, les trouvera facilement sur hypothèque, avec deux pour cent de commission; donc rien à faire pour maître Urbain : tout au plus le priera-t-on de signer au contrat, s'il ne s'oppose pas trop au régime de la communauté.

— Je me suis laissé dire aussi, reprenait le commis voyageur, qu'il y avait une nièce assez jolie à marier, et que, naturellement, le bien de la dame en serait écorné.

— Ceci est très vrai, reprit M. Romain; mais il est convenu entre moi et mon ami le baron de Guillegarde, un gaillard qui sait son métier et qui n'a pas froid aux yeux, qu'il épousera la demoiselle, moyennant une très légère indemnité, que je doublerai s'il le faut, en cas de survie.

— Vous avez des intelligences dans la place? ajoutait le marchand de vins.

— Nous avons contre nous, répondit Romain, une méchante petite servante bretonne que la dame a ramenée il y a quatre ou cinq ans de Rennes, et qui lui est rudement attachée ainsi qu'à Mlle Laure. Oui, mais le factotum de la maison, le fameux Jolibois, m'appartient, et j'ai payé d'un assez bon prix sa vilaine âme. Mais qu'y faire? Il faut bien que tout le monde vive, et mon lot sera encore assez beau.

— Vous avez raison, monsieur Romain, reprit le voyageur d'une voix plus basse encore, il faut que chacun vive ; et, pour les épingles de mes deux cousines, les demoiselles Levallois, qui tiennent en leurs mains l'âme et l'esprit de votre future épouse, autant que pour ma propre allégeance, il serait bon de convenir entre nous que vous me cédez pendant cinq ans, pour le prix des récoltes ordinaires de chaque année, toute la récolte du clos de Saint-Géran.

— Y pensez-vous? reprit Romain, Saint-Géran se classe et sera classé avant peu parmi nos meilleurs crus. J'ai déjà obtenu que l'an prochain Saint-Géran serait inscrit en toutes lettres sur la carte des vins de la Maison d'Or, du Café anglais et des Frères Provençaux. Je tiens le traité de ces grandes maisons dans mon portefeuille ; elles payeront l'an prochain quatre cents francs la feuillette que vous voulez avoir pour cent cinquante. Ah! quelle idée avez-vous là? Qui, moi, j'irais grever la plus belle part de la fortune de Mme de Saint-Géran, ma future épouse? Allons, soyez bon homme, un peu moins d'épingles à mesdemoiselles vos cousines, et cherchons, s'il vous plaît, une plus amiable compensation.

Le commis voyageur répondit par une imprécation, mais à voix si basse que M. Fauvel ne put l'entendre. Il était d'ailleurs tout préoccupé de ce nom qu'il attendait si peu et qui le frappait d'une nouvelle épouvante. Était-ce vrai? S'agissait-il, dans cette affaire ténébreuse, de la fortune et de la main de cette aimable femme qui l'appelait si gentiment *mon cousin*, et qui lui donnait de si loin, sans le connaître, tant de bons et fidèles témoignages d'une amitié dévouée? Une grande confusion se faisait en ce moment dans cet esprit si rapide et si vif.

— Non, certes, se disait-il, je ne serai point entré vainement dans cette caverne, et Gil Blas ne va pas céder cette fois encore au capitaine Rolando. Les Crispins, les

Frontins, les Mascarilles et les Scapins que j'ai sous les yeux, ne sont pas, certes, plus habiles, plus retors et plus dangereux que nos coquins de comédie, et je ne veux pas que, faute de l'intervention d'un galant homme habile en ces petits mystères, une honnête femme et sa nièce, et sa loyale servante, et ce brave notaire amoureux, mais discret, tombent pêle-mêle dans les embûches de ces Frontins de petite ville. Allons, courage ! et si la dame ici menacée est ma cousine, et si voilà bien le clos de Saint-Géran dont je possède encore une douzaine de vieux échantillons, si la reconnaissance est unie au devoir, et s'il m'est donné de mettre en œuvre à mon tour, pour mon propre compte, la suite ingénieuse des ressources que possède en son esprit un véritable enfant de Molière et de Regnard, certes, je n'aurai point perdu ma journée.

Il se disait cela toujours sous la visière de sa casquette. Les voyageurs avaient commencé par dédaigner cet inconnu ; ils avaient fini par ne plus le voir. Quand le soleil eut disparu, les endormis secouèrent leur torpeur. La conversation interrompue reprit de plus belle ; et maintenant que notre homme était au courant de tous ces discours, il savait à fond la conjuration de tous ces cuistres.

— Mes petits messieurs, se disait-il, garde à vous ; vous étiez tout à l'heure des monstres en morale, et maintenant vous n'êtes plus que des pantins dont je tiens tous les fils.

II

Il était onze heures du soir comme on entrait dans la principale rue de Saint-Géran et dans la cour des *Armes de France*. Là, chacun se sépara, cherchant en toute hâte à gagner son logis et son souper. Le beau Romain lui-même eut une descente des moins superbes et, sans cérémonie, il se dirigea vers sa maison, son sac de nuit à la main, ce qui faisait un piètre équipage pour notre Adonis. M. Fauvel, fatigué du chemin, rassasié de la mauvaise compagnie et déjà très préoccupé de la comédie et du drame qui s'agitaient dans sa tête, après un très léger repas, fit sa toilette et se coucha, non sans avoir donné ses instructions à son domestique pour le lendemain. La chambre était vaste, le lit bon, l'auberge peu bruyante, et cependant il eut grand'peine à s'endormir, poursuivi qu'il était par tant de visions qui tantôt l'irritaient de la façon la plus vive, et tantôt le faisaient rire aux éclats. Parfois même il se demandait, tout éveillé, s'il n'était point le jouet d'un songe, et si vraiment il avait vécu de compagnie avec de si tristes créatures.

— Nous autres, poëtes comiques, se disait-il, nous nous croyons de grands inventeurs quand nous avons refait pour la vingtième fois les personnages, vieux ou ridicules, inventés par nos devanciers. Mais que nous voilà loin de compte avec la vérité toute pure? En moins de douze heures, j'ai vu plus de grimaces, plus de vices et plus de ridicules originaux qu'on n'en saurait rencontrer dans toutes les comédies de l'éloquent Aristophane, du divin Térence et du Romain par excellence appelé Plaute, un si merveilleux écrivain que si les Muses voulaient parler la langue latine, elles parleraient la langue de Plaute. Ainsi, par notre habitude inintelligente de suivre à tout jamais les sentiers connus de la comédie, il advient que nous faisons toujours la même œuvre. Au contraire, échappons pour un instant aux sentiers battus, voilà soudain toutes sortes de comédies nouvelles qui sortent de ces sillons lumineux, comme autant d'alouettes dans les blés. Que j'ai donc bien fait de me mettre en route et de rencontrer ces coquins grotesques, si gais dans la forme, et qui feront rire aux éclats aussitôt que, d'une main diligente et sous les traits des comédiens aimés du public, je les flagellerai de mon fouet fraîchement taillé!

Telle était son intime joie, et dans ce bonheur d'écrire une aimable comédie il oubliait l'honneur et le devoir de délivrer une dame assiégée par toutes les rancunes, par toutes les passions, par toutes les misérables jalousies qu'une petite ville peut contenir. On dirait que La Bruyère avait sous les yeux notre ville de Saint-Géran lorsqu'il disait, dans son ironie excellente :

« J'approche d'une petite ville, et je suis déjà sur une hauteur d'où je la découvre ; elle est située à mi-côte ; une rivière baigne ses murs et coule ensuite dans une belle prairie ; elle a une forêt épaisse qui la couvre des

La place de Saint-Géran.

vents froids et de l'aquilon : je la vois dans un jour si favorable, que je compte ses tours et ses clochers ; elle me paraît peinte sur le penchant de la colline. Je me récrie, et je dis : Quel plaisir de vivre sous un si beau ciel et dans ce séjour si délicieux ! Je descends dans la ville, où je n'ai pas couché deux nuits, que je ressemble à ceux qui l'habitent : j'en veux sortir. »

Sur quoi notre héros, s'étant surpris en état de comédie, se prit à rire de lui-même et s'endormit profondément.

Il était dix heures du matin quand maître Jean, le valet de chambre (un peu moins que Frontin, un peu mieux que Lafleur) entra d'un pas léger dans la chambre du poëte, attendant un réveil dont l'heure était déjà passée. Il eut le temps d'affiler les rasoirs, de verser l'eau tiède et de préparer l'habit du matin ; à la fin, son maître étant éveillé, M. Jean lui raconta, selon ses instructions de la veille, ce qu'il avait appris de Mme de Saint-Géran et de son entourage. Elle possédait, à l'autre extrémité de la place, et tout en face des *Armes de France*, une belle et grande maison, que monsieur pouvait voir de sa fenêtre, et, depuis une année qu'elle était veuve, elle était devenue un objet de curiosité pour tous, d'intérêt pour quelques-uns. Son mari était né dans cette ville même, où elle n'était qu'une étrangère, et l'on n'attendait plus que son mariage avec quelqu'un du pays pour la couvrir d'une entière adoption.

Sa conduite était celle d'une honnête femme qui tient à l'estime publique ; mais les voltairiens disaient qu'elle était trop dévote. Elle était bonne aux pauvres, attentive à payer ses moindres dettes. Les dames de la ville d'en haut l'accusaient de pousser trop loin l'art de la toilette et ne lui pardonnaient pas les robes et le chapeaux qu'elle faisait venir de Paris. Ce jour même, à quatre heures, l'heure du beau monde, il y avait chez la dame un dîner de douze couverts, et M. Romain Rocaillou (c'était le vrai nom du don Juan) devait faire en ces salons sa première entrée. On parlait tout haut de son mariage avec la belle veuve, et pas un ne prévoyait le plus léger obstacle à ce mariage, que la ville entière appelait de tous ses vœux.

Ces rumeurs, que M. Jean rapportait à son maître, étaient trop d'accord avec les découvertes que celui-ci avait déjà faites, pour qu'il leur accordât une attention bien sérieuse. En ce moment il prenait terre, et son siège était fait. Il avait l'ensemble et le fond de sa comédie; quant aux détails, il comptait fort sur les hasards de la répétition générale ou, disons mieux, de la première représentation de son drame.

A demi caché, il voyait passer sous sa fenêtre les différents groupes qui s'en vont, le dimanche, aux offices de la principale église, et tout de suite il reconnut ses personnages : les deux demoiselles Levallois, l'une grande et sèche, l'autre assez semblable à une oie endimanchée. Il reconnut le percepteur des contributions directes à la façon dont il comptait, sans le vouloir, les portes et les fenêtres de chaque maison. Il fut tenté de saluer maître Urbain, le notaire. Il avait passé la quarantaine, et ses cheveux noirs étaient mêlés de cheveux blancs. Mais la beauté de son visage et le sérieux de son regard attiraient tous les suffrages. Le petit sacripant, son voisin quasimuet de la diligence, enharnaché d'un habit vert pomme, allait et trottait menu dans la rue, interrogeant tous les visages et très inquiet d'être reconnu.

Tout à coup, au milieu de la place, simplement vêtues et cependant très élégantes, deux dames passèrent d'un pied léger. Elles semblaient se sourire l'une à l'autre. La première approchait de la quarantaine ; elle était de belle taille, de bel embonpoint. Ses cheveux blonds encadraient, d'une façon charmante, un calme et doux visage. Elle occupait encore le beau milieu de la jeunesse ; elle avait la démarche et le maintien d'une femme honorée, à qui jamais personne, homme ou femme, n'a manqué de respect. De sa main bien gantée elle tenait la main d'une jeune personne qui n'avait guère plus de seize ans, très mignonne et cependant très formée, avec de beaux yeux noirs. Ah ! que celle-ci était jolie et que celle-là était charmante !

— Je suis bien sûr, se disait notre héros, que voici *ma cousine* et sa nièce. Hélas ! quel dommage ! et quel crime de donner toutes ces beautés à ce faquin de Romain Rocaillou ! Passez, passez, Mesdames, un homme est là qui veille sur vous.

Tout à côté de la demoiselle, une petite servante au pied leste, à l'air éveillé, portait leur livre de messe et leur servait de garde du corps.

— Voilà ma Bretonne. Elle a l'air d'une vaillante et honnête fille, et je ne serais pas étonné que ce malbâti aux cheveux jaunes, qui s'en va la main dans sa poche et les yeux baissés, ne fût M. Jolibois en personne.

Plus la sonnerie de la messe arrivait aux trois derniers coups, plus ce petit monde allait rapide et serré dans la rue.

— Holà ! hop ! gare à vous ! criait à l'autre extrémité, d'une voix de stentor, un grand dadais huché sur un tilbury à soufflet que traînait un vieux cheval. Le cheval piaffait, le fouet claquait, l'homme au tilbury hurlait ; tout s'effaçait et pâlissait devant cette tempête à deux roues.

— Je reconnais bien là *mon animal Gloria,* se disait M. Fauvel. Le voilà bien : vantard, bavard, impertinent, faquin. Je ne donnerais pas dix écus de son tilbury, de son cheval et de lui-même par-dessus le marché.

Peu s'en était fallu cependant que ce maladroit n'écrasât la petite Basse-Bretto, à force de torturer un pauvre animal qui ne demandait qu'à marcher doucement.

M. Romain descendit de son tilbury à la porte des *Armes de France*, et quand il eut bien recommandé à haute voix qu'on essuyât l'écume de son cheval, il entra pour jouer une poule avec son ex-ami le commis voyageur. Ils se parlaient d'une façon malséante, à en croire certains accès de voix qui leur échappaient entre deux effets de bille, dont eux seuls étaient les juges et les témoins.

M. Fauvel, quand il eut bien étudié le théâtre où tout à l'heure il allait jouer un si grand rôle :

— Au fait, se dit-il, il me manque au moins un confident. C'est une loi très sensée et très juste de notre art poétique de ne point être seul. En vain auriez-vous le génie et la volonté suffisants pour l'accomplissement du drame, encore faut-il avoir quelqu'un qui vous réponde si vous l'interrogez, qui vous admire aux belles scènes et qui vous conseille aux passages difficiles. Deux hommes qui s'entendent bien et qui vont du même pas, font tout de suite un grand chemin, celui-ci s'appuyant sur celui-là. Mais un confident désintéressé ou, mieux encore, un confident qui aurait un intérêt tout-puissant à voir châtier ces perfides, où donc le trouver en ce jour, et juste à l'heure où la toile va se lever, après une ou deux ritournelles de l'orchestre?

Ainsi songeant, notre malheureux poète restait plongé dans ses profondes réflexions. M. Jean, entr'ouvrant la porte, hésita quelque peu, tant il avait peur de déranger les combinaisons de son jeune maître. A la fin, cependant :

— Monsieur, dit-il, veut-il recevoir le lieutenant en premier, M. Gaston Moreau, des chasseurs d'Afrique? Il attend la réponse de Monsieur.

— Gaston Moreau, un Africain... Mais êtes-vous bien sûr de ce que vous dites là?

— D'autant plus sûr, Monsieur, que le jeune homme m'a demandé si j'étais bien le valet de chambre de Monsieur ; puis, à voix basse et de la façon la plus discrète, il m'a dit le nom de Monsieur, et, comme je semblais ne pas savoir ce nom-là : « Je suis sûr, m'a-t-il dit, de ce « que j'affirme. Il n'y a pas deux hommes en toute la « France qui aient l'esprit et le regard de cet homme-là. »

Jean parlait encore, que l'on vit entrer le jeune officier dans son bel habit tout neuf, orné d'une épaulette brillante, avec une riche épée au côté, et des gants jaunes, un vrai colonel d'opéra-comique.

— Ah ! Monsieur, s'écria-t-il en prenant les mains de M. Fauvel, pardonnez-moi si je suis indiscret ; mais je connais votre esprit, et je suis si malheureux !

Sur quoi, Jean étant sorti et la porte étant refermée, il fut facile au poëte de deviner qu'il venait de rencontrer mieux que son confident... son complice... un bel amoureux de Mlle Laure, un vrai jeune homme, intelligent comme on ne l'est guère que lorsqu'on est possédé du véritable amour. Il regardait M. Fauvel de ses grands yeux doucement éblouis.

— Je vous aime depuis longtemps, lui dit-il ; je sais par cœur toutes vos chansons ; j'ai joué toutes vos comédies ; je suis tour à tour M. Paul ou M. Gonthier, et, la première fois que j'ai vu Mlle Laure, elle m'a frappé par sa ressemblance avec Mlle Léontine Fay, votre amoureuse. Ainsi je ne suis point un étranger pour vous ; vous me devez votre amitié ; je la réclame et je la veux. Hier soir, je vous vis entrer dans ce logis, et je vous reconnus du premier coup d'œil ; mais ce matin, voyant que personne en cette ville ne savait votre arrivée, et que vous aviez passé la nuit dans *nos murs*, j'ai gardé le silence.

— Et vous avez bien fait, reprit M. Fauvel ; mon incognito était une garantie. Ils sont là dedans une douzaine de coquins des deux sexes qui croient tenir Mme de Saint-Géran et sa nièce dans leurs filets. Dieu merci, je sais leurs projets, et j'espère avant peu les déjouer. Voulez-vous être avec moi de moitié dans cette bonne action ?

Alors ces deux jeunes gens (il n'y avait entre eux qu'une légère différence d'âge) s'entendirent à merveille, et le poète remarqua tout de suite à quel point s'était éveillé l'esprit du jeune officier à jouer ses petites comédies. Ils s'occupèrent tout d'abord du don Juan, dont on entendait confusément les paroles. M. Romain était la bête noire de Gustave, qui l'avait traité comme un pleutre en toute occasion, dans le collège, hors du collège.

— Il n'y a pas de clerc d'huissier qui ne soit plus intelligent que ce Romain, disait-il. Il est insolent et lâche, et si, par hasard, il rencontre un homme intimidé de son bruit, vous mourriez de rire à voir ses airs de matamore. Or, que la ville entière ait choisi justement ce triste sire pour en faire le mari de la plus belle et de la plus honnête personne de tout le département, voilà ce qui s'appelle une méchanceté sans exemple. Et cependant il crie à haute voix sa victoire ; il l'escompte à tous les estaminets du grand chemin ; il la raconte à tous les commis voyageurs. Son audace égale au moins sa sottise ; et songer qu'il y a, non loin d'ici, un très galant homme, appelé M⁰ Urbain, cœur dévoué, qui ose à peine lever les yeux sur cette beauté, livrée à un pareil butor!

M⁰ Urbain était justement l'oncle de Gaston ; Gaston avait deviné tout son secret. Quant à lui, qui n'avait que la cape et l'épée, il était un amoureux sans espérance. Il s'était bien juré de n'en jamais rien dire à Mme Laure, et peu s'en faut qu'il n'eût chanté :

> Un vrai soldat sait souffrir et *se taire*
> Sans *murmurer*.

A chaque instant grandissait l'amitié des deux compagnons. Une heure allait sonner ; ils n'avaient pas de temps à perdre avant de prendre une décision.

— Voilà, dit M. Fauvel, ce qu'il faut faire. Êtes-vous hardi?

— Ma foi, je n'en sais rien ; disons mieux, je ne le crois pas. Cependant je ferai volontiers ce que vous ferez.

— C'est bien dit ; mais moi, je vais commencer par faire ce que vous avez déjà fait : je vais me faire beau ; puis, quand je serai, comme vous, tiré à quatre épingles, savez-vous où nous irons? Nous irons bras dessus bras dessous, à quatre heures sonnantes, dîner chez Mme de Saint-Géran.

— Dîner chez Mme de Saint-Géran, maître ! Y pensez-vous? Elle a justement douze personnes à dîner aujourd'hui, tout ce que la salle à manger peut contenir. Aujourd'hui même on lui présente M. Romain, roi de la fête, et vous vous présenteriez vous-même en disant qui vous êtes ; Jolibois, le factotum, vous jetterait la porte au nez. Vous connaissez Mme de Saint-Géran?

— Je ne lui ai jamais parlé ; encore ce matin, avant

dix heures, je ne l'avais jamais vue. Il faut cependant que vous y veniez dîner avec moi ; et, comme une difficulté de plus ajoute aux ardeurs d'une grande âme, nous aurons soin d'entrer les derniers, quand les convives seront au grand complet. Mais, s'il vous plaît, passez dans mon salon, mettez-vous à la fenêtre, et voyez ce qui se passe autour de nous.

Et, pendant que son jeune complice se tenait à la fenêtre, M. Fauvel faisait une grande toilette, à la façon des petits-maîtres du Gymnase. En ces beaux jours d'un automne resplendissant, il se permit le pantalon de nankin, le gilet de piqué blanc à la Robespierre et l'habit bleu à boutons d'or, rehaussé d'une fraîche rosette d'officier de la Légion d'honneur ; des bas de soie et des escarpins en cuir verni, des gants d'un gris clair, et tout ce que le beau linge a de plus parfait, sans oublier une cravate noire à petits pois et deux manchettes en linon plissé ; pas un bijou ; un mouchoir de batiste à rendre jalouses toutes les demoiselles de la maison Levallois ; des cheveux bouclés par la nature un peu, et beaucoup par la main de M. Jean, tel était ce jeune homme en ses belles années. S'il n'était point tout à fait beau, il avait la grâce et l'attrait ; l'intelligence était dans son sourire, et la volonté dans son regard.

Né timide, il avait conquis peu à peu l'assurance heureuse d'un homme honoré de tous les honnêtes gens, qui marche à grands pas dans le grand chemin de la fortune, et qui se dit à lui-même :

— Nul n'aura de reproches à me faire, et pas un seul petit écu que je n'aie gagné en donnant à la foule attentive de sages leçons, de bons conseils, une innocente et saine gaieté. Au milieu de tant de fortunes qui ont coûté tant de larmes, qui représentent tant de douleurs, le déshonneur de celui-ci, la mort et la ruine de celui-là, je compose une fortune innocente à force de bons mots, de douces gaietés, d'aimables chansons. Pas un homme, ami des faciles loisirs, qui ne me donne en passant son obole, et qui plus tard songe à me la reprocher. Il est mon bienfaiteur, mais sans nulle contrainte; il m'a fait une petite part de son bien, en échange de mon zèle à lui plaire, à l'instruire, à lui faire oublier les heures, à corriger gaiement ses petits vices, à lui montrer, sans fiel, ses petits ridicules.

Telle est, en effet, la justice suprême que peut se rendre un honnête écrivain, ami de l'ordre et de ses plaisirs, et voilà le fond d'où venait à M. Fauvel son légitime orgueil. A peine il venait de jeter son dernier coup d'œil à la glace de la cheminée :

— Arrivez vite, disait Gaston à voix basse, ou vous allez manquer M. Romain. Le voyez-vous là-bas, à pied, se dirigeant vers la boutique de ce grand coiffeur de Paris? Voilà sa Jouvence; il en sortira frisé, busqué, musqué. On ajuste en même temps monsieur son cheval, dans la cour de l'hôtel, à un harnais qui porte une couronne de comte et des pompons nacarat.

Gaston riait, le poète riait aussi. En effet, ils virent passer le tilbury conduit par le groom de M. Romain. Dix minutes plus tard, M. Romain en personne, les cheveux en coup de vent, une rose au côté, les breloques au grand complet, le chapeau sur l'oreille, entrait droit comme un cierge et saluant du fouet les assistants émerveillés dans l'avenue qui conduisait au perron de la maison de Mme de Saint-Géran. Il descendit de sa voiture avec une imposante majesté. A la façon dont la porte à double battant fut ouverte, on pouvait deviner que ce grand homme était impatiemment attendu.

Ici le poète et l'officier se regardèrent; le moment d'agir était venu. Nos deux jeunes gens, la canne à la main, traversèrent l'avenue, et, la porte étant ouverte, ils se trouvèrent dans l'antichambre, au grand étonnement de M. Jolibois, qui se demandait pourquoi les chiens, qui avaient tant hurlé, ne hurlaient plus. M. Fauvel entra le premier, suivi de son jeune compagnon, qui déjà commençait à pâlir. Il demanda d'une voix nette et brève à saluer Mme de Saint-Géran; et Jolibois, très interdit, balbutiait quelques excuses, disant qu'il était bien fâché, mais que madame allait se mettre à table avec ses amis; que l'heure d'une visite était mal choisie, et qu'il priait ces messieurs de revenir le lendemain sur le midi.

Le Jolibois n'était pas ce qui s'appelle un orateur; mais autour de lui s'agitait, leste et preste, en cette antichambre, une fillette en bonnet rose, en blanc tablier, très accorte et très curieuse, la petite Basse-Brette que nous avons entrevue un instant lorsqu'elle accompagnait sa maîtresse à l'église. A peine elle eut jeté sur le poète le regard vif et perçant d'une fille intelligente, elle reconnut l'original du beau portrait gravé que sa maîtresse avait accroché dans son cadre d'or, à la plus belle place de sa bibliothèque.

— Ah! mon Dieu! s'écria-t-elle, que madame sera contente! Entrez, Monsieur, vous êtes chez vous.

Puis, sans crier gare, et le Jolibois se demandant si elle n'était pas folle, elle ouvrit à deux battants la porte du salon.

En ce moment, la dame de céans, assise dans une bergère, semblait accablée à la fois de la tristesse de sa situation présente et des discours vraiment étranges que lui tenait M. Romain, son vainqueur. Il était entré à la façon de l'ouragan, en débitant, avec de grands gestes, un compliment copié dans le *Secrétaire des amants*.

— Ah! belle dame, avait-il dit, et tant et tant il avait remercié la belle dame d'encourager ses espérances, il sentait au fond de son âme une telle joie, et, sans attendre une réponse, il faisait de si beaux serments, pendant que chacun l'écoutait, et que tout bas on murmurait : « Il est charmant! »

Dieu sait cependant que la veuve n'écoutait guère les déclarations de ce pleutre. Elle l'avait jugé d'un coup d'œil; rien qu'à le voir, elle avait compris qu'elle n'appartiendrait jamais à ce bellâtre. Et pourtant comment faire, et comment se dépêtrer de ces mille étreintes qui, depuis tantôt trois mois, la serraient et la pressaient de toutes parts! Le voilà donc ce grand Romain, cet esprit tant vanté! Certes, elle ne l'avait point appelé, mais elle l'avait laissé venir; elle avait souffert qu'on l'invitât en son nom. Même ce dîner d'aujourd'hui, il était donné tout exprès en l'honneur de M. Romain. Jamais elle n'avait mieux compris qu'en ce moment la solitude et l'abandon de son veuvage, et comment chacun de ses prétendus amis semblait conspirer contre son repos. Elle était seule au monde. Un parent de son mari, qui l'aurait pu défendre, était tombé dans les abîmes du vice et de la misère; elle le tenait éloigné d'elle à la faveur d'une pension payable à Paris. Aussi bien, quand Javotte entra, disant :

— Madame, voici votre cousin de Paris !

La pauvre femme imagina que c'était son pensionnaire, et, fermant les yeux pour ne point le voir: « C'est à ce coup, se disait-elle, que j'arrive au comble de l'humiliation. »

Bref, l'infortunée en avait tout ce qu'elle pouvait

porter, et quand le bon Fauvel, s'approchant d'elle, et prenant dans ses mains ses deux belles mains qu'elle semblait retirer, lui dit de sa voix d'un si beau timbre :

— Allons, ma cousine, accordez un regard de bonté à votre ingrat cousin qui vous aime toujours!

Elle ouvrit lentement, comme on les ouvre en songe, ses grands yeux pleins d'étonnement, de surprise et de joie enfin. Elle aussi elle reconnut ce doux visage où l'esprit et la bonté se mêlaient dans un si calme et si parfait accord. Elle ne l'eût pas rêvé plus habile et plus charmant. A l'instant même, elle se sentit sauvée. Elle se leva, triomphante, de son siège, en arrangeant les longs plis de sa robe, et d'une voix légère :

— Ah! mon beau cousin, lui dit-elle, vous vous êtes fait bien attendre, et cependant soyez le bienvenu.

Son sourire était gai, ses yeux riaient. Elle était une de ces créatures douces et faibles qui ne sont heureuses que dans le calme et le repos. Puis enfin elle accorda un regard au jeune compagnon de ce cousin qui venait avec tant d'à-propos, et lui fit un beau salut.

— Permettez-moi, ma chère cousine, de vous présenter un jeune Africain de mes amis, très brave homme, et sachant par cœur tout mon répertoire. Or, voici le raisonnement que j'ai fait : Je me suis dit ce matin même : il y aura tantôt douze personnes à la table de Mme de Saint-Géran; si je viens seul, je ferai le treizième et je ne serai pas bon à jeter à ses chiens. Grâce à mon ami le lieutenant, nous serons quatorze ; au besoin, on dressera la petite table, et tout ira pour le mieux.

Chacun prêtait l'oreille aux paroles du nouveau venu. Seul, dans son coin, le grand Romain se dépitait que l'attention fût passée à ce cousin de malheur. En vain il s'efforçait de reprendre le fil de la conversation qui s'était brisé entre ses mains, il avait perdu tout crédit ; il sentait le sol se dérober sous ses pas ; ses meilleures plaisanteries étaient à peine écoutées ; ses bons mots, que chacun, il n'y a qu'un instant, admirait en toute confiance, étaient semblables à des flèches émoussées, et quand le Jolibois, très interdit, très mécontent, annonça que madame était servie, en vain M. Romain offrit son bras à la dame.

— Apprenez, Monsieur, lui dit le poète, que c'est un des priviléges de ma cousine de choisir le convive à sa droite, et je lui conseille d'offrir son bras et la place d'honneur à son notaire, M. Urbain. Quant à vous, mon officier, vous ne demanderez pas mieux que de conduire à la petite table Mlle Laure. En même temps, il offrait son bras à une bonne femme, au visage aimable et gai, et qui semblait toute contente.

— Ah ! disait-elle, Dieu soit loué, voici M. Romain remis à sa place, et je savais bien que vous n'abandonneriez pas votre aimable cousine à tant de perfides conseils.

Et, cette fois, Mme de Saint-Géran, entourée à souhait par ce bel esprit qui semblait l'avoir adoptée, et par ce brave homme de notaire qui l'aimait de toute son âme ; heureuse aussi du gazouillement de la petite table et parfaitement oublieuse du beau Romain, qui ne songeait plus qu'à manger, le dîner fut parfaitement agréable. Elle avait déjà pardonné cette conjuration presque innocente, qui s'explique facilement par l'ennui d'une petite ville. Plusieurs incidents égayèrent encore ce repas commencé sous de tristes auspices.

Au dessert, comme on offrait à ces messieurs du vin de Champagne et du vin de Bordeaux :

— Non, non, disait M. Fauvel, ne soyons pas infidèles

au grand cru de Saint-Géran. Javotte aura l'honneur de nous le verser de sa main brune, et nous viderons nos verres à la santé de ma chère cousine. Au reste, à tout seigneur tout honneur. Ce clos de Saint-Géran, qui a soulevé dans ces contrées de si grosses tempêtes, proclamé par les uns, insulté par les autres, grâce à M. Romain que voilà, il sera désormais imprimé dans les meilleurs catalogues des meilleures maisons de Paris. Désormais, ma cousine est riche, et si elle prend un nouveau mari, elle pourra choisir.

La belle humeur du dessert se prolongea dans le salon. Au moment du cigare, et pendant que ces messieurs apportaient au beau Romain des consolations dont il avait si grand besoin, les vrais amis de Mme de Saint-Géran se regardaient, tout charmés de cette aventure, et voilà, tout d'un coup, que la dame et sa nièce, le poète et l'officier, le notaire et la baronne sont pris d'un fou rire. Ils riaient d'aise et de contentement ; ils riaient d'un rire abondant en joie, en bel esprit, en vengeance aussi, tant ils s'en voulaient d'avoir redouté un seul instant M. Romain et ses atteintes. Sur l'entrefaite, il rentra dans le salon, et voyant tout ce monde en joie, il demandait ce qu'on avait à rire ; et le rire alors de recommencer de plus belle. Il n'y eut pas ce soir-là d'autre explication entre les divers acteurs de ce petit drame, et bien des fois, depuis ce jour dont il se souvenait avec un certain orgueil, M. Fauvel répétait qu'il n'avait jamais rencontré dans toute sa vie, à pas une de ses comédies, un plus agréable et plus naturel dénouement.

Il passa tout un mois dans un pavillon du jardin de la maison de Mme de Saint-Géran. Il s'éveillait de très bonne heure, et se promenait tout au loin dans la campagne, en rêvant. Les hôtes du logis ne le voyaient guère qu'à l'heure du dîner, mais il leur appartenait toute la soirée. Il était simple et de bonne humeur, ajoutons qu'il était de bon conseil. Le jour même de son départ, il conseillait à Mme de Saint-Géran d'épouser Me Urbain, le notaire ; il conseillait au jeune officier de retourner en Afrique et de gagner les épaulettes de capitaine. A Mlle Laure, il conseillait d'attendre encore deux ou trois ans que son heure eût sonné de donner sa main à Gaston. A Javotte, il conseilla de porter des jupons moins courts, et de moins rire au premier venu, attendu que cela déplaisait au fils unique du vigneron Thomas. Il avait déjà conseillé à Jolibois de déguerpir et de chercher fortune ailleurs. Il n'y eut pas jusqu'à don Juan Romain qui ne vint chercher conseil et consolation auprès du faiseur de comédies, et celui-ci lui conseilla de vendre au rabais son tilbury et son cheval, de renoncer au pantalon à la cosaque, aux bottes à la hussarde, au chapeau en coup de vent, au foulard rouge, au tapage, et aux veuves à marier. S'il ne fit pas de ce fameux Romain un homme sage, il en fit un homme assez modeste pour ne pas rêver la gloire, la majesté et l'indépendance. Il eut donc le bonheur de comprendre, avant son départ, que tous ses conseils seraient suivis, et quand il revint à Paris, trois mois après son retour, il fit représenter un proverbe intitulé : *Un peu d'aide fait grand bien,* et le public, fidèle à son poète, applaudit de grand cœur Romain, Javotte et Jolibois.

LA REINE MARGUERITE

LA REINE MARGUERITE

I

Quiconque voudra savoir les premiers commencements du roi Henri IV, le roi Bourbon remplaçant les Valois sur le trône des rois de France, aura grand soin de s'enquérir des destinées de sa sœur Catherine, et de sa première épouse, Marguerite. Elles ont chèrement payé l'une et l'autre l'honneur d'appartenir de si près *au conquérant du sien*. Heureusement l'histoire de Catherine, une héroïne, un grand courage, une vertu, n'est plus à faire; il n'y a pas longtemps que Mme la comtesse d'Armaillé racontait cette vie austère et charmante à la façon d'un grand écrivain tout rempli de son sujet. Catherine de Navarre, obéissant au roi son frère, a poussé le dévouement fraternel jusqu'à sa limite extrême; oublieuse d'elle-même et de sa fortune, elle eût tout sacrifié au roi Henri, sa conscience et sa croyance exceptées. Et lorsque, enfin, par tant de victoires, de conquêtes et d'accidents imprévus, le roi de Navarre est devenu le roi de France, quand il est le maître absolu dans Paris, sa grand'ville, au moment où la princesse Catherine, mariée au duc de Bar, s'est consolée enfin de n'avoir pas disposé de sa main selon son cœur, elle meurt, obscure et cachée, et son frère ingrat s'occupe à peine d'élever un tombeau à cette admirable servante de ses ineffables grandeurs.

La princesse Marguerite, la première femme du roi de Navarre, offre un contraste complet avec la princesse Catherine. Elle a tout l'orgueil de la maison de Valois ; elle est superbe, intelligente, et pour peu que son époux le Béarnais eût voulu tirer un bon parti de cette associée à sa fortune, il eût rencontré près d'elle une consolation, un bon conseil, une illustre et digne assistance. Mais quoi ! le roi protestant se méfiait de la catholique maison de Valois ! Jeune homme, il en avait subi trop de violences et trop d'injures pour n'en point faire porter le ressentiment à sa jeune et charmante épouse. Il ne pouvait guère oublier que son nom était inscrit sur la liste rouge de la Saint-Barthélemy ; ce papier rouge disait qu'il fallait tout d'abord arracher les racines du protestantisme, à savoir : le roi de Navarre, le prince de Condé, l'amiral de Coligny. Si donc Charles IX et Catherine de Médicis effacèrent de leur liste fatale le nom de leur gendre et beau-frère, ce fut par une espèce de miracle. Ainsi l'on trouverait difficilement dans toute l'histoire un mariage conclu sous de plus tristes auspices. Mal commencé, il a fini par un divorce.

Mais, ceci dit, on ne peut s'empêcher d'arrêter un regard clément et charmé sur les grâces infinies de cette aimable et parfaite beauté, la reine de Navarre, et, chaque fois que nous la rencontrons dans les sentiers de l'histoire, volontiers nous contemplons cette éloquente et belle princesse, ornement de la brillante cour où fut élevée la reine d'Écosse, Marie Stuart, et qui se ressentait encore des beaux-arts, de la poésie et des splendeurs du règne de François Ier.

Marguerite de Valois, reine de Navarre.

En traversant Paris, le vainqueur de Lépante, don Juan d'Autriche, s'étant introduit au Louvre, en plein bal, et voyant passer la reine de Navarre au bras de son frère le roi de France :

— On a tort, disait don Juan, de l'appeler une reine, elle est déesse, et trop heureux serait le soldat qui mourrait sous sa bannière, pour la servir!

— Qui n'a pas vu la reine de Navarre, celui-là n'a pas vu le Louvre ! s'écriait le prince de Salerne.

Et les ambassadeurs polonais, quand la jeune reine les eut harangués, dans ce beau latin qu'elle parlait si bien, à la grande honte de tous ces gentilshommes français qui ne savaient pas un seul mot de latin, en leur qualité de nobles :

— Nous nous sommes trompés, disaient-ils, c'est bien cette belle tête-là qui était faite pour porter notre couronne !

Elle était l'enchantement du Louvre et l'honneur de ses fêtes; quand elle s'en fut en Navarre, au royaume de son mari, elle éclipsa soudain la princesse Catherine, et ce peuple, assez pauvre et vivant de peu, ne pouvait se lasser de contempler les magnificences de sa reine, en robe de toile d'argent, aux manches pendantes, et si richement coiffée avec des diamants et des perles, qu'on l'eût prise pour la reine du ciel. Elle inventait les modes que portaient toutes les reines de l'Europe ; elle portait des robes en velours incarnat d'Espagne et des bonnets tout fins ornés de pierreries, et c'était une fête de la voir, « ornée de ses cheveux naturels, avec ses belles épaules, son beau visage blanc, d'une blanche sérénité, la taille haute et superbe, et portant sans fatigue et sans peine le plus beau drap d'or frisé et brodé, d'une grâce altière et douce à la fois. »

Quand elle passait dans les villes, les plus grands de la cité se pressaient autour d'elle pour entendre parler sa bouche d'or ; à chaque harangue, elle répondait par une parole improvisée, et chacun restait charmé de sa courtoisie. Mais le Louvre était sa vraie patrie, et, dans les premiers jours de son mariage, il n'y avait pas de plus beau spectacle que de voir le jeune roi de Navarre donnant le signal de la fête et dansant la *Pavanne d'Espagne*, « danse où la belle grâce et majesté sont une belle représentation ; mais les yeux de toute la salle ne se pouvoient saouler, ny assez se ravir par une si agréable veue ; car les passages y estoient si bien dansez, les pas si sagement conduits, et les arrests faits de si belle sorte, qu'on ne sçauroit que plus admirer, ou la belle façon de danser, ou la majesté de s'arrester, représenter maintenant une gayeté, et maintenant un beau et grave desdain : car il n'y a nul qui ne les ait veus en cette danse, que ne die ne l'avoir veue danser jamais si bien, et de si belle grace et majesté qu'à ce roy frère, et qu'à cette reyne sœur ; et quant à moy, je suis de telle opinion, et si l'ay veue danser aux reynes d'Espagne et d'Écosse. »

Qui parle ainsi ? Brantôme, un homme d'armes ami des grands capitaines. On peut l'en croire, quand il parle des dames de la cour de France ! Il les connaît bien, il les montre à merveille ; il applaudit à leur faveur ; il ne se gêne point pour pleurer sur leurs disgrâces. A côté de Brantôme il y avait, pour célébrer la reine de Navarre, un poète, un grand poète appelé Ronsard, l'ami de Joachim Dubellay. *Le grand Ronsard,* comme on disait sous le règne de Henri IV ! Et quand Ronsard et Brantôme, éclairés des mêmes beautés, se rencontraient, ils célébraient à l'envi Madame Marguerite :

> Il fault aller contenter
> L'oreille de Marguerite,
> Et dans son palais chanter
> Quel honneur elle mérite.

Et c'était, du poète au capitaine, à qui mieux mieux chanterait la dame souveraine. Aux vers de Ronsard applaudissaient tous les beaux esprits et tous les grands seigneurs de son temps : le cardinal de Lorraine, le duc d'Enghien, le seigneur de Carnavalet, Guy de Chabot, seigneur de Jarnac. Pendant vingt ans, sur la guitare et sur le luth, les jeunes gens, les pages, les demoiselles, le marchand dans sa boutique et le magistrat dans sa maison ont chanté la chanson de Marguerite :

> En mon cœur n'est point écrite
> La rose, ny autre fleur,
> C'est toi, belle Margarite,
> Par qui j'ai cette couleur.
> N'es-tu pas celle dont les yeux
>   *Ont surpris*
> Par un regard gracieux
>   Mes esprits ?

II

Cette aimable reine, habile autant que femme du monde, et bien digne d'avoir partagé la nourriture et l'éducation de la reine d'Écosse et de la reine d'Espagne, Élisabeth de Valois, la seconde femme de Philippe II, avait écrit, dans les heures sombres de sa vie, au moment où la plus belle enfin se rend justice, un cahier contenant les souvenirs de sa jeunesse. Il n'y a rien de plus rare et de plus charmant que ces mémoires parmi les livres sincères sortis de la main d'une femme. Le style en est très vif, l'accent en est très vrai. Le premier souvenir de la jeune princesse est d'avoir accompagné à Bayonne sa sœur, la reine d'Espagne, que la reine mère et le roi Charles IX conduisaient par la main au terrible Philippe II. La princesse Marguerite était encore une enfant, mais elle se rappelle en ses moindres détails le festin des fiançailles. Dans un grand pré entouré d'une haute futaie, une douzaine de tables étaient servies par des bergères habillées de toile d'or et de satin, selon les habits divers de toutes les provinces de France. Elles arrivaient de Bayonne sur de grands bateaux, accompagnées de la musique des dieux marins, et, chaque troupe étant à sa place, les Poitevines dansèrent avec la cornemuse, les Provençales avec les cymbales, les Bourguignonnes et les Champenoises dansèrent avec accompagnement de hautbois, de violes et de tambourins ; les Bretonnes dansaient les passe-pied et les branles de leur province. D'abord tout alla le mieux du monde ; une grande pluie arrêta soudain toute la fête.

Au retour de ce beau voyage, la jeune princesse Marguerite s'en fut rejoindre au Plessis-les-Tours (la ville favorite du roi Louis XI) son frère le duc d'Anjou, qui déjà, à seize ans, avait gagné deux batailles. Il était, évidemment, le favori de la reine mère et déjà très ambitieux. Il choisit pour confidente sa sœur Marguerite ; « Oui-da, lui dit-elle, et comptez, Monsieur mon frère, que moy estant auprès de la royne ma mère, vous y serez vous-mesme et que je n'y serai que pour vous ! »

Ainsi, déjà si jeune, elle entrait, par la faveur de la reine mère et par la confiance de son frère, dans les secrets de l'État. Bientôt les ambassadeurs se présentèrent pour solliciter la main de la jeune princesse. Il en vint de la part de M. de Guise, il en vint au nom du roi de Portugal, enfin le nom du prince de Navarre fut prononcé. Ce dernier mariage était dans les volontés de Catherine de Médicis. La veille de ce grand jour, le roi de Navarre avait perdu la reine sa mère, il en portait le deuil, et il vint au Louvre, accompagné de huit cents gentilshommes, vêtus de noir, demander au roi de France la main de sa sœur Marguerite. Ils furent fiancés ce même soir, et, huit jours après, ces Béarnais, vêtus de leurs plus riches habits, menèrent à l'autel de Notre-Dame de Paris la jeune reine, habillée à la royale, toute brillante des pierreries de la couronne, et le grand manteau bleu, à quatre aunes de queue, porté par trois princesses. Toute la ville était en fête et se tenait sur des échafauds dressés de l'évêché à Notre-Dame, et parés de drap d'or. A la porte de l'église, le cardinal de Bourbon (c'est ce même cardinal de Bourbon que la Ligue a fait roi un instant sous le nom de Charles X) attendait les deux époux.

Qui l'eût dit cependant que tant de joie et de magnificences allaient aboutir, en si peu d'heures, au crime abominable de la Saint-Barthélemy? Les protestants étaient devenus le grand souci de la reine Catherine de Médicis et du roi Charles IX ; ils étaient nombreux, hardis, bien commandés, hostiles aux catholiques, et leur perte, en un clin d'œil, fut décidée. Honte à jamais sur cette nuit fatale, où le bruit du tocsin de Saint-Germain-l'Auxerrois, les plaintes des mourants, le sang des morts, les cris des égorgeurs remplirent la ville et le Louvre des rois de désordre et de confusion ! Tout fut cruauté, perfidie, embûches impitoyables ! La jeune reine, ignorante de ces trames dans lesquelles devaient tomber les amis, les partisans, les compagnons du roi de Navarre son mari, apprit seulement par le bruit du tocsin ces meurtres et ces vengeances qui la touchaient de si près. Elle avait passé sa soirée à causer de choses indifférentes avec la reine mère et le roi, bourreau de son peuple, sans rencontrer dans leur regard un avertissement, une pitié. Or, quand la reine mère, au moment où l'heure fatale allait sonner, commandait à sa fille qu'elle eût à rejoindre son mari dans sa chambre... évidemment elle l'envoyait à la mort.

— N'y allez pas, ma sœur, lui disait sa plus jeune sœur, ou vous êtes perdue !

— Il le faut, répondit la reine mère ; allez, ma fille.

« Et moi, je m'en allay, toute transie et esperdue, sans me pouvoir imaginer ce que j'avois à craindre. »

Ah! quel drame, et comment était faite l'âme de Catherine de Médicis!

A peine endormis, dans une sécurité profonde, les jeunes époux entendent frapper à leur porte avec ces cris : « Navarre! Navarre! » Un malheureux gentilhomme du Béarn qui avait suivi le roi à Paris, M. de Tégean, percé d'un coup de hallebarde (le massacre était commencé), et poursuivi par les assassins qui le voulaient achever, enfonçait la porte de la chambre ; et comme le roi de Navarre s'était levé au premier bruit du tocsin, pour s'informer des périls qu'il pressentait, le malheureux gentilhomme, entourant la jeune reine de ses bras suppliants : « Grâce et miséricorde! ô Madame, protégez-moi! » disait-il. Les meurtriers, sans respect pour la sœur du roi catholique, achevèrent leur horrible tâche sous les yeux de Marguerite éperdue, et le sang de M. de Tégean souilla le lit royal. Croirait-on, cependant, que cette horrible nuit de la Saint-Barthélemy, la reine Marguerite la raconte, en ses mémoires, avec aussi peu de souci que le dernier bal donné par le roi son frère!

Ces grands crimes ont cela de particulièrement abominable : il faut être à certaine distance pour en percevoir toute l'étendue, et pourtant, quelle que soit la concision de l'écrivain de ses propres Mémoires, la suite des événements arrive, inévitable, et parfois d'autant plus pressante que l'historien aura mis moins de temps à la préparer. Dans les premiers jours qui suivirent le terrible massacre, Henri de Navarre eut grand'peine à sauvegarder sa propre vie. Il était pour son beau-frère un sujet d'inquiétude, un objet de haine pour sa belle-mère. Ils se demandaient l'un l'autre, en toutes ces confusions, pourquoi ils avaient épargné le véritable chef des protestants? de quel droit ils le laissaient vivre? Ils comprenaient qu'avant peu l'intrépide et vaillant capitaine Henri de Navarre deviendrait le vengeur de ses coreligionnaires, et leur pressentiment ne les trompait pas

Sur l'entrefaite, le roi Charles IX, tout couvert du sang de ses sujets, fut saisi, soudain, d'une maladie incomparable et sans remède. Il se mourait lentement, sous l'épouvante et le remords. Pas un moment de trêve à sa peine et pas un instant de sommeil, son âme, à la torture, étant aussi malade que son corps. En toute hâte, la reine Catherine de Médicis rappela son troisième fils, le duc d'Anjou, qui était allé en Pologne chercher une couronne éphémère. Et cependant, chaque jour ajoutait aux tortures du roi Charles IX. Il était seul, en proie aux plus sombres pressentiments, cherchant à comprendre, et ne comprenant pas que c'était le remords qui le tuait. Il meurt enfin, chargé de l'exécration de tout un peuple, et le roi de Pologne accourt en toute hâte, à la façon d'un criminel qui se sauve de sa geôle. Il fut reçu à bras ouverts par la reine mère et par la jeune reine de Navarre, qui vint au-devant de lui, dans son carrosse doré, garni de velours jaune et d'un galon d'argent. Alors, les fêtes recommencèrent ; on n'eût pas dit que la guerre civile était au beau milieu de ce triste royaume. Le roi et les dames acceptaient toutes les invitations des châteaux, des monastères et même des banquiers d'Italie. On allait, en grand appareil, par la Bourgogne et la Champagne, jusqu'à Reims, et, durant ces longs voyages, les plus beaux gentilshommes s'empressaient autour de la jeune reine, le roi de Navarre étant surveillé de très près, sans crédit, sans autorité, et portant péniblement le joug de la reine mère et les mépris du nouveau roi.

III

La reine Marguerite a très bien raconté comment le roi de Navarre a fini par échapper à ses persécuteurs. Nous l'avons dit : *Il n'était pas sans crainte pour sa vie.* Un soir, peu avant le souper du roi, le roi de Navarre, changeant de manteau, s'enveloppa dans une espèce de capuchon, et franchit les guichets du Louvre sans être reconnu. Il s'en fut à pied jusqu'à la porte Saint-Honoré, où l'attendait un carrosse qui le conduisit jusqu'aux remparts. Là, il monta à cheval, et, suivi de plusieurs des siens, le voilà parti. Ce ne fut que sur les neuf heures, après leur souper, que le roi et la reine s'avisèrent de son absence et le firent chercher *par toutes les chambres*. Évidemment, il n'était pas au Louvre ; on le cherche dans la ville, il n'était plus dans la ville. A la fin, le roi s'inquiète et se fâche, et commande à tous les princes et seigneurs de sa maison de monter à cheval, et de ramener Henri de Navarre mort ou vif. Sur quoi, plusieurs de ces princes et seigneurs répondent au roi que la commission était dure, et quelques-unes, ayant fait mine de le chercher, s'en revinrent au point du jour.

Voilà la reine Marguerite en grand'peine de cet époux qui ne l'avait point avertie; elle pleure et se lamente, et le roi son frère menace de lui donner des gardes. Par vengeance, il résolut d'envoyer des hommes d'armes dans le château de Torigny, avec l'ordre de s'emparer de la dame de Torigny, l'amie et la cousine de la reine Marguerite, et de la jeter dans la rivière. Ces mécréants, sans autre forme de procès, s'emparent du château à minuit. Ils mettent le manoir au pillage, et quand ils se sont bien gorgés de viande et de vins, ils lient cette misérable dame sur un cheval pour la jeter à la rivière... Deux cavaliers, amis de la reine Marguerite, passaient par là à la même heure, et voyant le traitement que subissait la dame de Torigny, ils la délivrent et la mènent au roi de Navarre. A cette nouvelle, la colère de la reine mère et de son digne fils ne connait plus de bornes; ils veulent que la reine Marguerite leur serve au moins d'otage, et la voilà prisonnière et seule, et pas un ami qui la console. Il y en eut un, cependant, ami dévoué de la mauvaise fortune, un vrai chevalier, M. de Crillon, qui s'en vint, chaque jour, visiter la captive, et pas un des gardiens n'osa refuser le passage à ce brave homme.

Cependant le roi de Navarre avait regagné son royaume; il attirait à sa bonne mine, à sa juste cause, un grand nombre de gentilshommes. Il retrouvait son petit trésor très grossi par l'épargne de sa sœur Catherine; et, comme chacun lui représentait qu'il eût bien fait d'amener avec lui la reine Marguerite, il lui écrivit une belle lettre, dans laquelle il la rappelait de toutes ses forces, remettant sa cause entre ses mains, et déplorant sa captivité.

Un bal sous Henri III.

Henri III s'obstinait ; mais la reine mère eut compris bien vite que l'injustice dont elle accablait sa propre fille était une grande faute.

« Elle m'envoya querir, vous dira Marguerite en ses *Mémoires*, qu'elle avoit disposé les choses d'une façon pacifique, et que si je faisois un bon accord entre le roi et le roi de Navarre, je la délivrerois d'un mortel ennui qui la possédoit. A ces causes, elle me prioit que l'injure que j'avois reçue ne me fît désirer plutôt la vengeance que la paix ; que le roi en étoit marry, qu'elle l'en avoit vu pleurer, et qu'il me feroit telle satisfaction que j'en resterois contente. »

Au même instant, Henri III frappait à la porte de la jeune reine, et lui demandait pardon, avec une infinité de belles paroles. Elle répondit à son frère qu'elle avait déjà oublié toutes ses peines, et qu'elle le remerciait de l'avoir plongée en cette solitude, où elle avait compris les vanités de la fortune. Cependant, quand elle demanda la permission d'aller rejoindre, en Navarre, le mari qui la rappelait, elle n'obtint que des refus, la reine et le roi lui remontrant que le roi de Navarre avait abjuré la religion catholique, qu'il était redevenu huguenot, et qu'il était plus menaçant que jamais.

IV

C'était l'heure où s'ouvraient les états de Blois, où les catholiques organisaient la sainte Ligue, où le royaume était en feu, où plus que jamais les huguenots étaient suspects. La guerre civile approchait ; on l'entendait venir de toutes parts, et plus les huguenots étaient menacés, plus la reine de Navarre sollicitait la permission de rejoindre son mari. Ce fut le plus beau moment de sa vie, à vrai dire ; elle était éloquente en raison de tant de menaces et de périls :

« Non, non, disait le roi de France, vous n'irez pas rejoindre un huguenot. J'ai résolu d'exterminer cette misérable religion qui nous fait tant de mal, et vous, qui êtes catholique et fille de France, je n'irai pas vous exposer aux vengeances de ces traîtres. »

Plus il parlait, plus il menaçait, plus le danger était grand d'une fuite à travers la France, et plus la jeune reine était résolue à ne pas demeurer dans une cour où le nom de son mari était chargé de tant de malédictions.

Mais que faire et que devenir ? Comment échapper à

cette surveillance de tous les jours? La jeune reine imagina de se faire commander, par les médecins, une saison aux eaux de Spa, et le roi, cette fois, consentit au départ de sa sœur, par une arrière-pensée qu'il avait d'être agréable aux Flamands et de reprendre en temps opportun les Flandres au roi d'Espagne. A cette ouverture, Henri de France fut ébloui, et s'écria soudain:

« O reine, ne cherchez plus; il faut que vous alliez aux eaux de Spa. Vous direz que les médecins vous les ont ordonnées, qu'à cette heure la saison est propice, et que je vous ai commandé d'y aller. Bien plus, la princesse de la Roche-sur-Yon m'a promis de vous accompagner. »

Voilà comment ce bon sire fut dupe de son ambition d'avoir les Flandres. La reine mère, de son côté, ne vit, tout d'abord, que l'avantage de cette grande conquête et, sans soupçonner à sa fille une arrière-pensée, elle consentit à son départ. Comme elle avait toujours en sa réserve politique un projet caché, elle fit prévenir, par un courrier, le gouverneur des Flandres pour le roi d'Espagne, en demandant les passeports nécessaires pour ce long voyage. Or, le gouverneur des Flandres n'était rien moins que ce célèbre, ce fameux don Juan d'Autriche, vainqueur à Lépante, et qui comptait parmi ses soldats ce vaillant et divin génie appelé Michel Cervantes.

La reine mère, en ce moment, se rappelait l'éblouissement de don Juan d'Autriche à l'aspect de sa fille Marguerite, et comme, en plein Louvre, il l'avait comparée aux étoiles, avec une ardeur toute castillane: « Allez, ma fille, et songez aux intérêts de la France! » disait la reine mère, et déjà, dans sa pensée, elle voyait don Juan d'Autriche offrir à la belle voyageuse au moins les domaines de l'évêque de Liège, dans lesquels murmuraient doucement ces belles eaux de Spa, salutaires fontaines encore inconnues, réservées à une si grande célébrité.

Ainsi, pendant que la reine mère et le roi s'en allaient à Poitiers chercher l'armée de M. de Mayenne, afin de la conduire en Gascogne contre le roi de Navarre et les huguenots, la reine Marguerite allait, à petites journées, dans ces Flandres qu'elle ne songeait guère à conquérir. Elle était accompagnée en ce beau voyage de Mᵐᵉ la princesse de la Roche-sur-Yon, de Mᵐᵉ de Tournon, sa dame d'honneur, de Mᵐᵉ de Mouy de Picardie, de Mᵐᵉ de Castelaine de Millon, de Mᵐᵉ d'Atrie, de Mᵐᵉ de Tournon, et de sept ou huit autres demoiselles des meilleures maisons. A cette suite royale s'étaient réunis M. le cardinal de Senoncourt, M. l'évêque de Langres, M. de Mouy, enfin toute la maison de la reine, à savoir : le majordome et le premier maître d'hôtel, les pages, les écuyers et les gentilshommes. La compagnie était jeune, élégante ; elle faisait peu de chemin en un jour ; elle fut la bienvenue, et trouva toutes sortes de louanges sur son passage :

« J'allois en une littière faite à piliers doublez velours incarnadin d'Espagne en broderie d'or et de soye nuée à devise. Cette littière étoit toute titrée et les vitres toutes faites à devise ; y ayant, ou à la doublure ou aux vitres, quarante devises toutes différentes, avec les mots en espagnol, en italien, sur le soleil et ses effets ; laquelle étoit suivie de la littière de Mᵐᵉ de la Roche-sur-Yon et de celle de Mᵐᵉ de Tournon, ma dame d'honneur, et de dix filles à cheval avec leur gouvernante, et de six carrioles ou chariots, où alloit le reste des dames et femmes d'elle et de moy. »

Écoutez la belle voyageuse ; elle vous dira que tout cet appareil était fait uniquement pour augmenter le respect des peuples et l'admiration de l'étranger. Cependant, les villes sur le chemin du cortège avaient grand'peine à donner une hospitalité convenable à tant de princes, de princesses ou de seigneurs. Les campagnes étaient ruinées de fond en comble, et le paysan, dans ses champs dévastés, voyant passer tant de splendeurs inutiles, se demandait s'il n'était pas le jouet d'un rêve.

Arrivée à la frontière du Cambrésis, la princesse errante trouva un gentilhomme que lui envoyait l'évêque de Cambrai. Ce gentilhomme annonça que son maître allait venir, et l'évêque, en effet, se montra, lui et sa suite, vêtus comme des Flamands, et beaucoup plus Espagnols que Français. Que dis-je? Ils se vantaient d'être les amis et les envoyés de ce même don Juan d'Autriche, un des grands admirateurs de la princesse, avant qu'elle ne fût reine de Navarre. Du milieu des fêtes du Louvre, et de tant d'intrigues de la cour des Valois, don Juan n'avait rapporté que l'image et le souvenir de la reine Marguerite. A la nouvelle de son voyage, il était accouru au-devant de la princesse, et il vint l'attendre aux portes de Cambrai, une grande cité fortifiée, et des plus belles de la chrétienté par sa citadelle et par ses églises. Il y eut, le même soir de cette entrée, une grande fête au palais épiscopal, un festin suivi d'un grand bal, le bal suivi d'une *collation de confitures*. La jeune reine eut, ce même soir, pour la conduire, le gouverneur du château fort.

En ce temps-là, Cambrai appartenait encore à l'Espagne, et s'il n'eût fallu qu'un sourire, une bonne parole, pour s'emparer de ce dernier rempart de l'Espagne et donner à la France une si belle cité, Marguerite eût fait volontiers ce grand sacrifice. Au moins, si elle ne prit pas la ville, elle eut le grand talent de savoir comment on la pouvait prendre. Elle s'inquiéta de ses défenses;

elle voulut connaître le nombre et la profondeur des fossés ; comment la citadelle était gardée, et quels en étaient les côtés vulnérables. A toutes ces questions, faites avec un art digne de la meilleure élève de Catherine de Médicis, le gouverneur de Cambrai, qui voulait être agréable à tout prix, eut la condescendance de répondre. Il fit plus, il accepta la proposition que lui fit la jeune reine de l'accompagner jusqu'à Namur, et dans ce voyage, qui ne dura pas moins de douze jours, elle abattit le peu de résistance et d'orgueil qui restaient dans l'esprit du gouverneur. Malheureusement, don Juan veillait sur toute chose. Il n'eût rien refusé à la belle voyageuse, mais il n'était pas homme à lui donner un pouce de terrain dans les terres qui appartenaient à l'Espagne.

Et cependant, toutes ces villes flamandes luttaient de courtoisie. Elles étaient beaucoup plus riches que les villes françaises, et d'une hospitalité vraiment royale. A Valenciennes, Marguerite admira les belles places, les belles églises, les fontaines d'eau jaillissante ; elle et sa suite furent frappées d'étonnement au carillon harmonieux de toutes ces belles horloges, dont chacune exhalait son cantique dans les airs doucement réjouis. Ces Flandres ont de tout temps excellé dans ces récréations à l'usage d'une ville entière. Elles aimaient la parade publique, les jardins, les musées, la fête à laquelle chacun prend sa part. Elles aimaient la justice et la gaieté ; elles exécraient l'Espagne et les Espagnols. Le nom de Philippe II et celui du digne exécuteur de ses terribles volontés, le duc d'Albe, retentissaient dans les cœurs flamands comme un remords. Ils pleuraient le comte d'Egmont, décapité avec le comte de Horn, comme s'ils eussent été participants à son meurtre.

De ces cruels souvenirs leurs fêtes étaient troublées :

mais sitôt qu'ils possédèrent la reine Marguerite, ces pays maltraités oublièrent, pour un instant, leur cruel ressentiment. Ce fut à qui serait le plus hospitalier pour la princesse, et les plus belles Flamandes, familières et joyeuses (c'est leur naturel), accoururent au-devant de l'étrangère avec tant de grâce et d'honnêteté, qu'elles la retinrent pendant huit jours. L'une d'elles, la principale de la ville, nourrissait son enfant de son lait, et comme elle était assise à table à côté de Marguerite, la princesse admira tout à son aise la belle Flamande et le costume qu'elle portait :

« Elle étoit parée à ravir et couverte de pierreries et de broderies, avec une rabille à l'espagnole de toile d'or noire, avec des bandes de broderie de canetille d'or et d'argent, et un pourpoint de toile d'argent blanche en broderie d'or, avec de gros boutons de diamants (habit approprié à l'office de nourrice). »

Ainsi faite, elle était éblouissante ; mais écoutez la suite et le couronnement du festin. Quand on fut au dessert, la jeune mère eut souci de son nourrisson et fit signe qu'on le lui apportât. « On lui apporta l'enfant, emmailloté aussi richement qu'estoit vestuë la nourrice. Elle le mit entre nous deux sur la table, et librement donna à teter à son petit. Ce qui eust été tenu à incivilité à quelqu'autre ; mais elle le faisoit avec tant de grâce et de naïveté, comme toutes ses actions en étoient accompagnées, qu'elle en reçut autant de louanges que la compagnie de plaisir. » Si vous aimez les tableaux flamands, en voilà un tracé de main de maître, avec une extrême élégance, et c'est grand dommage que dans ces Flandres, fécondes en grands artistes, pas un n'ait songé à reproduire sur une toile intelligente un si charmant spectacle.

Or, la reine Marguerite, ayant dompté le gouverneur de Cambrai, vint facilement à bout des dames de Mons ;

— Comment donc, leur dit-elle, ne pas vous aimer, vous trouvant toutes françaises ?

— Hélas ! répondaient ces dames, nous étions Françaises autrefois ! Nous aimons la France aussi bien que les Français ; nous la regrettons, nous la pleurons, mais les Espagnols sont les plus forts. Dites cela, Madame, à votre frère le roi de France, afin qu'il nous vienne en aide, et dites-lui que s'il fait un pas, nous en ferons deux, tant nous sommes disposés à reconnaître, à saluer sa couronne.

Ainsi ces dames parlaient sans crainte, et conspiraient franchement, sans perdre une sarabande, une chanson. Le lendemain, Marguerite, avant son départ, s'en fut visiter un béguinage, qui est une espèce de couvent, composé de quantité de petites maisons dans lesquelles sont élevées de jeunes demoiselles par des religieuses savantes. Elles portent le voile jusqu'à vêpres, et, sitôt les vêpres dites, elles se parent de leurs plus beaux atours, et s'en vont dans le plus grand monde, où elles trouvent très bien leur place.

A la fin il fallut se quitter, et Marguerite, pour reconnaître une hospitalité si libérale, distribua toutes sortes de présents à ces dames qui l'avaient si bien reçue : tant de chaînes, de colliers, de bracelets, de pierreries, si bien qu'elle fut reconduite jusqu'à mi-chemin de Namur, où commandait un des plus vieux courtisans de la cour de Philippe II. Sur les confins de Namur, reparut don Juan d'Autriche, accompagné des seigneurs les plus qualifiés de la cour d'Espagne et d'une grande suite d'officiers et gentilshommes de sa maison, parmi lesquels était un Ludovic de Gonzague, parent du duc de Mantoue,

Il mit pied à terre pour saluer l'illustre voyageuse, et quand le cortège reprit sa marche, il accompagna la litière royale à cheval. Toute la ville de Namur était illuminée ; il n'était pas une fenêtre où les belles Françaises ne pussent lire une devise à la louange de leur reine.

Un palais véritable était préparé pour la recevoir, et le moindre appartement était tendu des plus riches tapisseries de velours, de satin, ou de toile d'argent couverte de broderies, sur lesquelles étaient représentés des personnages vêtus à l'antique. Si bien que l'on eût dit que ces merveilles appartenaient à quelque grand roi, et non pas à quelque jeune prince à marier, tel que don Juan d'Autriche. Et notez bien que la plus riche magnificence avait été réservée pour la tenture de la chambre à coucher de la reine. On y voyait représentée admirablement la *Victoire de Lépante*, honneur de don Juan.

Après une bonne nuit, où les enchantements de ce voyage apparaissaient en rêve, la reine se leva et, sa toilette étant faite, elle s'en fut ouïr une messe en musique à l'espagnole, avec violons, violes de basse et trompettes.

Après la messe, il y eut un grand festin ; Marguerite et don Juan étaient assis à une table à part. Toute l'assemblée en habits magnifiques ; dames et seigneurs dînaient à des tables séparées de la table royale, et l'on vit ce même Ludovic de Gonzague à genoux aux pieds de don Juan et lui servant à boire. Ah ! tels étaient l'orgueil et le faste de ces princes espagnols, que même les princes illégitimes étaient traités comme des rois.

Ainsi, deux journées se passèrent dans les fêtes de la nuit et du jour, pendant que l'on préparait les bateaux qui, par la douce rivière de Meuse, une suite de frais paysages, devaient conduire jusqu'à Liège la reine de

Navarro. Elle marcha, jusqu'au rivage, sur un tapis aux armes de don Juan. Le bateau qui la reçut était semblable à la galère de Cléopâtre, au temps fabuleux de la reine d'Égypte. Autour de ce riche bateau, que la rivière emportait comme à regret, se pressaient des barques légères, toutes remplies de musiciens et de chanteurs, qui chantaient leurs plus belles chansons, avec accompagnement de guitares et de hautbois. Dans ces flots hospitaliers, clairs et limpides, où le soleil brillait de son plus vif éclat, une île, en façon de temple, mais d'un temple soutenu par mille colonnes, arrêta soudain cette brillante féerie. Alors recommencèrent les danses et les festins de plus belle, et voilà comment ils arrivèrent à Liège, où monseigneur l'évêque avait donné des ordres pour recevoir dignement les hôtes du seigneur don Juan d'Autriche.

Mais, à peine arrivée dans cette ville hospitalière, Marguerite essuya comme une tempête. On eût dit que le déluge était déchaîné sur le rivage et dans les rues, et la peur fut si grande, que Mlle de Tournon, l'une des demoiselles d'honneur, non pas la moins belle et la moins charmante, expira de fatigue et de terreur C'est très vrai : nulle joie, ici-bas, sans mélange. Il faut que chacun paye à son tour les prospérités de son voyage, et ce fut un grand deuil pour Marguerite. Elle resta trois jours enfermée en son logis; mais quand elle eut bien pleuré sa chère compagne, elle consentit que l'évêque de Liège la vînt saluer dans la maison qu'il avait fait préparer pour la recevoir.

Cet évêque était un prince souverain, de bonne mine et bien fait de sa personne. Il portait de la plus agréable façon la couronne et la mitre, le sceptre et l'épée ou le bâton pastoral. Il était magnifique en toute chose, et marchait entouré d'un chapitre à ce point distingué que les moindres chanoines étaient fils de ducs, de comtes et de grands seigneurs, comme on n'en voyait que dans les grandes églises des chanoines-comtes de Lyon. Chacun des chanoines de Liège habitait un palais dans quelqu'une de ces rues grandes et larges, ou sur ces belles places ornées de fontaines. Le palais épiscopal était un Louvre, où le prince-évêque avait réuni les chefs-d'œuvre de l'école flamande et les plus belles toiles de l'école italienne. Il était grand amateur de jardins ; ses jardins étaient peuplés de statues.

Après trois jours de fêtes vraiment royales, la jeune reine songea enfin à prendre le chemin de Spa. Spa, qui est aujourd'hui une ville arrangée et bâtie à plaisir, lieu célèbre et charmant, le rendez-vous des fêtes de l'été, une source où tout jase, un bois où tout chante, n'était guère, en ce temps-là, qu'un lieu sauvage et sans nom, composé de deux ou trois cabanes où les buveurs d'eau s'abritaient à grand'peine. Un forgeron du pays avait découvert le premier, par sa propre expérience, la vertu de ces eaux salutaires. Il les avait célébrées de toutes ses forces ; mais le moyen de coucher à la belle étoile ?

Et voilà pourquoi cette heureuse ville de Spa, la cité favorite de la Belgique, a gardé précieusement dans ses annales le souvenir de la reine Marguerite, non moins qu'une reconnaissance extrême pour ce terrible et singulier génie appelé Pierre le Grand, qui s'en vint, deux siècles plus tard, demander à la fontaine du Pouhon quelques heures de sommeil et de rafraîchissement.

Mais dans l'état misérable de ce pays et de cette forêt des Ardennes, où les loups avaient choisi leur domicile, un évêque aussi galant homme, aussi bien élevé que

Vue de Liège en 1580.

l'évêque de Liège, ne pouvait pas consentir qu'une reine de Navarre, en si belle compagnie, acceptât les obstacles, les périls, l'isolement, les ennuis de ces tristes contrées. En vain la magnificence de ces bois séculaires, le murmure enchanteur de ces frais ruisseaux, le flot mystérieux de ces ondes charmantes, pleines de fécondité, de santé, d'espérance, attiraient à leur charme infini ces belles voyageuses, la grâce et l'ornement de la maison de Valois... La reine Marguerite et la princesse de la Roche-sur-Yon, qui n'étaient pas très éprises de l'élégie et de l'idylle champêtre, eurent bientôt consenti à la proposition que leur faisait Sa Grâce M⁹ʳ l'évêque de Liège. Il proposait que ces dames, une ou deux fois par semaine, iraient à cheval s'abreuver aux claires fontaines, et que, le reste du temps, la fontaine irait elle-même au-devant des buveuses d'eau.

Aussitôt que le bruit se répandit du séjour de ces dames françaises, on vit accourir à Liège, de la frontière des Flandres et même du fond de l'Allemagne, les dames les plus qualifiées, et ces réunions, toutes *pleines d'honneur et de joie*, ont laissé dans la province un tel souvenir, qu'elle s'en souvient encore.

Ainsi, la reine Marguerite oublia la mort subite de cette aimable Mlle de Tournon, sa douce compagne! « et ce jeune corps, aussi malheureux qu'innocent et glorieux, fut rapporté dans sa patrie en un drap blanc couvert de fleurs. »

Chaque matin, qu'elle se rendît à Spa, ou qu'elle bût les eaux dans les jardins de l'évêché (*lesquelles eaux veulent être tracassées et promenées en disant des choses réjouissantes*), la reine allait en bonne compagnie. Elle était chaque jour invitée à quelque festin ; après le dîner, elle allait entendre les vêpres en quelque maison religieuse ;

puis la musique et le bal : pendant six semaines. C'est le temps d'une cure ; au bout de six semaines, la santé est revenue.

Il fallut donc repartir, mais en six semaines, déjà, que de changements dans la province ! Elle était à fe et à sang ; le galant don Juan d'Autriche s'était emparé de Namur et des meilleurs seigneurs de la province. Alors, un grand conflit entre les catholiques de Flandre et les huguenots du prince d'Orange. Or, nécessairement, il fallait traverser toute cette bagarre, en danger d'être prise par l'un ou l'autre parti. Cette fois encore apparut l'évêque de Liège ; il protégea jusqu'à la fin les dames dont il avait été l'hôte assidu. Il leur donna, pour les accompagner, son grand maître et ses chevaux ; mais ces damnés parpaillots manquaient tout à fait de courtoisie. Ils prétendirent que la reine ne pouvait pas rentrer en France avant d'avoir payé toutes ses dettes. Ils nièrent à l'évêque de Liège le droit de signer des passeports. On crie : *Aux armes !* sur le passage de la reine, aux mêmes lieux où naguère on criait : *Vive la reine !* Ces mêmes portes des villes qui s'ouvraient devant elle à son arrivée se fermaient brutalement à son retour.

Cependant rien n'arrêtait la jeune reine ; elle se savait éloquente, et parlait à la multitude, apaisant celui-ci, souriant à celui-là, également inquiète des Allemands, des Espagnols, des huguenots, de ce même don Juan, naguère empressé comme un amoureux autour de sa fiancée. O peines du voyage ! et cependant la dame avait résolu de rejoindre en toute hâte la cour de Navarre, mais non pas sans avoir salué son frère, le roi de France. Or, laissant là sa litière, elle monte à cheval et s'en va, par des chemins détournés, frapper aux portes de Cambrai. La ville hospitalière accueillit la fugitive, et bientôt à Saint-Denis même, et sur le seuil de la grande basilique où l'abbé Suger a laissé tant de souvenirs, le roi, la reine et toute la cour de France accoururent au-devant de Madame Marguerite.

On lui fit raconter, Dieu le sait, toutes les merveilles de son voyage, et quand elle vit le roi son frère en si belle humeur, elle lui demanda la permission de rejoindre enfin le roi son mari, en le priant de lui constituer une dot, et promptement, tant elle avait hâte de se rendre à son poste naturel. Pendant six grands mois elle renouvela sa prière : « Attendons ! » disait la reine mère ; et « Patientons ! » disait le roi. Il se méfiait de tout le monde, et quand sa sœur lui demandait d'où lui venaient ces craintes et ces doutes, il répondait gravement que les simples mortels n'avaient pas le droit de demander aux rois, non plus qu'aux dieux, les motifs de leurs décisions. Or, toutes ces brouilleries finissaient toujours par cet ordre absolu : « Ma fille, allez vous parer pour le souper et pour le bal. »

Depuis que le roi de Navarre s'était échappé du Louvre, les portes du Louvre étaient *gardées si curieusement* que pas un n'en passait le seuil qu'on ne le regardât au visage. Aussi bien, lorsque, après six mois de patience et de promesses non tenues, la jeune reine eut résolu de s'échapper du Louvre, elle se fit apporter en secret un câble qui plongeait de sa fenêtre dans le fossé du château, et, par une nuit sombre, un soir que le roi ne soupait point et que la reine mère soupait seule en sa petite salle, la reine Marguerite se mit au lit, entourée de ses dames d'honneur, et tout de suite, après qu'elles se furent retirées, elle allait descendre, à tout hasard. Heureusement, un surveillant du château arrêta cette belle fuite, et la reine mère, touchée enfin par tant d'obstination, consentit à doter sa fille et à la rendre à son mari, à condition qu'elle maintiendrait la paix entre les deux royaumes.

Ah! comme elle respira librement lorsqu'elle vit accourir le roi de Navarre au-devant d'elle, accompagné des seigneurs et gentilshommes de la religion de Gascogne! Ainsi, l'un et l'autre, ils se rendirent à petites journées dans le château de Pau, en Béarn, en pleine religion réformée, et ce fut à peine si la reine Marguerite obtint la permission d'entendre la messe avec quatre ou cinq catholiques. Il fallait, dans ces grands jours, fermer les portes du château, tant les catholiques de la contrée étaient désireux d'assister au saint sacrifice, dont ils étaient privés depuis si longtemps.

Ainsi, fanatisme et cruauté des deux parts; même on ne saurait croire à quel point le Béarnais poussait la rigueur : jusqu'à chasser à coups de hallebarde ses malheureux sujets catholiques pour avoir assisté à la messe de leur reine. Il y avait cependant un parlement à Pau; mais c'était un parlement huguenot, qui donna tort à la reine quand elle se plaignit des procédés du roi son mari. C'était bien la peine, en effet, de l'être venue chercher de si loin! Il supportait péniblement la présence de sa jeune épouse, et finit par la reléguer à Nérac, où elle rencontra, belle, intelligente et bienveillante aussi, sa belle-sœur, la princesse Catherine, amie et confidente du roi son frère. Or Catherine était une grande âme, affable et juste, aimant la liberté de conscience autant qu'elle aimait la belle compagnie.

On ferait un charmant récit de ces deux cours de Nérac, de ces deux religions vivant l'une à côté de l'autre, en toute courtoisie.

Et chaque dimanche, après le prêche, après la messe,

huguenots et catholiques se promenaient ensemble, et se donnaient la main, dans un très beau jardin, par *de longues allées de lauriers et de cyprès, le long d'une belle rivière*, et le soir, ces dames et ces messieurs, réunis par la religion du plaisir, dansaient ensemble. On dirait d'un conte de fées.

V

Mais quoi ! ces haines n'étaient qu'endormies. La guerre civile et religieuse était recouverte à peine sous des cendres brûlantes. Le maréchal de Biron, à la tête des soldats du roi catholique, enlevait au roi huguenot les meilleures places de son royaume de Navarre.

« Ah ! Sire, écrivait la reine Marguerite au roi de France, retenez le maréchal de Biron, épargnez notre petite cour de Nérac, commandez à vos capitaines de respecter ma belle-sœur, Madame Catherine... »

Elle prêchait dans le désert. Henri de Navarre et le maréchal de Biron se battaient tout le jour et tous les jours. Le canon avait peine à respecter le château dans lequel s'étaient réfugiées toutes ces belles jeunesses ; enfin ce n'était pas le compte du roi de France d'accorder la paix au roi de Navarre, qui, du reste, ne la demandait guère. Ainsi, chaque jour diminuait pour Madame Marguerite l'amitié et les bons souvenirs du roi son frère, pendant que le roi son mari oubliait sa jeune épouse. Hélas ! le roi Charles IX l'avait bien dit : « En donnant ma sœur Margot au prince de Béarn, je la donne au plus infidèle de tous les hommes. »

Quelle différence entre ces deux femmes : Catherine de Bourbon et Marguerite de Valois ! Catherine avait foi dans les destinées de son frère ; elle ne voyait rien de plus rare et de plus grand que son courage ; elle a consacré sa vie entière à la grandeur naissante de cette maison de Bourbon, que la trahison du connétable de Bourbon avait réduite à des proportions si misérables. Ainsi, Catherine de Navarre est morte à la peine, en se glorifiant d'avoir tant contribué à l'établissement de la royauté française. Au contraire, Marguerite est un obstacle aux vastes projets de son maître et seigneur, marchant à la conquête du royaume de France. Au moment où le Béarnais avait besoin de toutes ses forces, elle cherche à se composer un petit royaume à son usage personnel, et lorsque enfin Paris ouvre ses portes au roi victorieux, lorsqu'il est rentré dans le sein de l'Église catholique, le roi cherche en vain la reine sa compagne. La France l'avait déjà oubliée. Elle était Valois, la France entière était Bourbon.

Cependant le nouveau roi de France aspirait au bonheur d'un mariage régulier. Il avait décidé qu'il laisserait son sceptre à des héritiers légitimes, et il commandait, plus qu'il ne sollicitait, un divorce devenu nécessaire. Hélas! en ce moment, la reine Marguerite comprit enfin dans quel abîme elle était tombée. Elle vit toute l'étendue de sa peine, et l'incomparable majesté de cette couronne, qui allait être encore une fois la première entre toutes les couronnes de l'Europe. Et si profonde, en effet, cette chute apparaissait aux regards du monde entier, que lorsque la reine infortunée eut consenti au divorce, Henri IV fut le premier à la prendre en pitié. Son cœur était bon, autant que son âme était grande. Au moment de se séparer de cette épouse qu'il avait prise, éclatante et superbe, en sa dix-huitième année, au milieu des fêtes et des périls de tout genre, à la veille de la Saint-Barthélemy, d'abominable mémoire, il revit d'un coup d'œil toute sa jeunesse écoulée ; tant de grâce, de dévouement, de charme enfin, lui revinrent en mémoire, et il se prit à pleurer sur les ruines de ce mariage accepté sous de si tristes auspices.

« O malheureuse Marguerite ! s'écriait le bon sire, il fallait donc que nous en vinssions à cette séparation, après avoir partagé tant de périls, tant d'illustres aventures, et de si beaux jours ! Et j'en atteste ici Dieu lui-même, il n'a pas tenu que de moi qu'elle ne fût reine de France à mon côté, mais elle n'a pas voulu m'obéir et me servir. » Ainsi fut prononcé le divorce.

Voyez cependant l'inconstance et le changement d'un esprit futile et primesautier ! Sitôt qu'elle eut renoncé aux espérances d'un si beau trône, la reine Marguerite ressentit un désir invincible de revoir la France et Paris, et ce grand roi dont elle n'était plus l'épouse. En vain, ses conseillers lui disaient : « Prenez garde, il ne faut pas déplaire au roi, votre maître ; attendez son ordre et tenez vous à distance... » Elle n'obéit qu'à sa passion du moment, et, sans permission du roi son maître, elle fit dans Paris une entrée royale. Elle était belle encore, et la ville entière, à la revoir, reconnut cette beauté qu'elle avait adorée. Elle eût frappé aux portes du Louvre des rois ses aïeux, les portes du Louvre se seraient ouvertes d'elles-mêmes... Elle n'alla pas si loin. Elle s'était bâti, avec une prévoyance assez rare, une belle maison sur les bords de la Seine, au milieu de jardins magnifiques, et dans cette maison faite à son usage elle avait entassé, curieuse et connaisseuse en toutes choses, les plus rares et les plus exquises merveilles de ces arts singuliers dont le goût du roi Henri III fut la dernière expression.

A peine installée en ce lieu charmant, la reine Marguerite eut une cour brillante, non pas tant de soldats et de capitaines (ceux-là se pressaient autour du Béarnais), mais de beaux esprits, de poètes, d'historiens, de causeurs, attirés par la grâce et l'enchantement de cette aimable découronnée.

Il y vint un des premiers, le roi Henri IV; il s'amusait à ces fêtes brillantes; il se plaisait à ces surprises si bien ménagées. Il disait que toute la peine était au Louvre et tout le plaisir chez la reine Marguerite. Elle avait le grand art de plaire; elle plaisait, même sans le vouloir. Henri IV la trouvait charmante, à présent qu'il n'était plus son mari.

M. de Sully, plus prévoyant, résistait à ces belles grâces, et quand la reine se plaignait des froideurs du premier ministre : « Il vous trouve un peu dépensière, disait le roi, et nous avons tant besoin d'argent ! — Nous autres Valois, disait la reine en relevant sa tête fière, nous aimons la dépense et nous sommes prodigues. — Nous autres Bourbons, répondait le roi, nous aimons l'économie et nous sommes avares. » Il croyait rire, il disait juste. Ces princes de la maison de Valois étaient splendides en toutes choses, hormis ce qui les concernait personnellement; les princes de la maison de Bourbon sentaient l'épargne. Mais la reine Marguerite laissait gronder M. de Sully et redoublait de magnificence. Henri, pour elle, était prodigue. On voyait qu'il ne pouvait guère se passer de cet aimable rendez-vous des belles causeries, des fêtes intimes, de la musique et de tous les arts.

VI

Ainsi, par un bonheur bien rare, les fautes mêmes de la reine Marguerite de Navarre ont fini par contribuer à sa gloire. Elle eut ce grand mérite, étant la fille d'une reine sanguinaire et tenant de si près au roi Charles IX, d'être bonne et clémente. Elle haïssait d'instinct tous ces crimes d'État qu'elle avait entrevus dans ces ombres et dans ces fêtes sanglantes. Plus d'une fois, ce grand roi Henri, comme il était au comble des prospérités et de la gloire, heureux partout, moins heureux dans son ménage, alla frapper à la porte de sa première épouse, en la priant de le ramener aux premières journées pleines d'aurore et d'espérance. Ah! c'était là le bon temps [1] ; ils étaient pauvres, ils étaient en butte aux soupçons d'un roi jaloux, d'une reine impérieuse et d'une mère implacable. Ils avaient assisté, dans une nuit d'épouvante, au massacre

---

1. Le lecteur ne pourra guère s'empêcher de trouver singulière cette qualification appliquée à une telle époque. Si Henri pouvait avec quelque raison regretter sa première épouse, il était difficile néanmoins de trouver bon le temps que les horreurs de la guerre civile, sous les derniers Valois, ont si terriblement « gâté ».

de tous leurs amis. A grand'peine ils s'étaient enfuis de ce Louvre dont on leur faisait une prison. Ils avaient mené la vie errante, à travers mille dangers... Tels étaient leurs discours à chaque rencontre, et toujours ils finissaient par se dire : « Ah ! c'était le bon temps. »

Couronnement de Marie de Médicis.

VII

Lorsqu'en 1610 la reine Marie de Médicis sollicita les honneurs du sacre, le roi Henri IV s'en vint chez Marguerite, et par tant de prières et de bonnes paroles il obtint de la femme divorcée qu'elle assisterait au sacre de la reine. Elle fit d'abord une certaine résistance, et bientôt, si vive était sa croyance en sa propre beauté, elle accueillit l'invitation du roi son maître par un sourire, et l'on vit (des vieillards de cent ans l'ont raconté plus tard au cardinal de Richelieu) la foule, attentive à ces grandes cérémonies d'un couronnement et d'un sacre, oublier la reine régnante pour la reine disgraciée. Ce fut dans l'antique métropole de Saint-Denis que s'accomplit l'auguste cérémonie. On y vit toute la cour dans son plus magnifique appareil. Le cardinal de Joyeuse eut l'honneur de poser la couronne de France sur la tête de cette future grand'mère de Louis XIV. La reine avait Monseigneur le Dauphin à sa droite, et Madame, fille du roi, à sa gauche. La traîne de la robe royale était portée par la princesse de Montpensier, la princesse de Condé, la princesse de Conti, le duc de Vendôme tenant le sceptre, et le chevalier de Vendôme la main de justice. Le roi, dans une tribune, assistait à cette fête... Tous les regards se portèrent, au même instant, sur la reine divorcée. On eût dit qu'elle était la couronnée. Elle portait l'éventail comme un sceptre, et quand elle traversa cette illustre basilique de Saint-Denis, le peuple entier s'inclina devant cette ombre éclatante et sereine de la maison de Valois.

Le lendemain, le 14 mai 1610, Henri le Grand, le seul roi dont le peuple ait gardé la mémoire, tombait sous le couteau de Ravaillac! Le monde entier pleura ce grand homme. Au milieu de l'universelle désolation se distingua la reine Marguerite par sa profonde et sincère douleur. La reine sacrée et légitime, Marie de Médicis elle-même, a versé des larmes moins sincères sur le trépas de ce héros, dont elle n'était pas digne. Elle se consola beaucoup plus vite que la *petite reine*. Enfin, cinq ans après la mort du roi, la désolée et repentante Marguerite de Navarre (elles finissent toutes par une mort chrétienne) rendait son âme à Dieu, le 27 mars 1615. A l'âge de soixante-trois ans qu'elle pouvait avoir, elle avait gardé ce beau visage, où toutes les majestés de la vie humaine et tous les bonheurs de la jeunesse, unis au bel esprit, avaient laissé leur douce et sérieuse empreinte. Elle fut enterrée à Saint-Denis, dans le tombeau des rois.

FIN

TABLE DES MATIÈRES

	Pages
Tout de bon cœur..	1
L'Épagneul maître d'école......................................	23
Mademoiselle de Malboissière...............................	39
Mademoiselle de Launay..	49
Zémire..	127
Versailles...	151
Le Poète en voyage...	203
La Reine Marguerite..	241

SOCIÉTÉ ANONYME D'IMPRIMERIE DE VILLEFRANCHE-DE-ROUERGUE
Jules Barioux directeur.

www.ingramcontent.com/pod-product-compliance
Lightning Source LLC
Chambersburg PA
CBHW070743170426
43200CB00007B/631